男孩的成長路

做你自己、發揮你的優點、找出自己的優勢。

The BOY

How To Help Him Succeed

39項必修法則

一本全方位幫助孩子成長和走向成功的書籍——本書是男孩成長的軌跡，從出生、求學、大學畢業到進入職場的智慧經驗集。

Nathaniel C. Fowler, Jr. 著

關明孚、王少凱 譯 / 孔謐 審校

書泉出版社 印行

推薦序一

這本《男孩的成長路》原文名稱*The Boy How To Help Him Succeed*，作者是Nathaniel C. Fowler, Jr.，是一本美國多年前的著作，這本書累積了許多成功者為人處世之人生經驗智慧與值得學習的成功父母之道，我個人特別欣賞有關「成功的要素」、「對男孩的啓蒙教育」、「青少年期的男孩教育」、「大學門前的抉擇」、「深思熟慮，謹慎選擇」、「找出自己的優勢，發揮優點，克服缺點」、「勿以事小而不為」、「掌握大事，就是掌握小事」、「充運善用零散時間」、「專心致志才能成功」、「今日的積蓄，就是明日的資本」、「虛心聽取建議」、「為成功增色的禮儀」、「健康為成功之本」等文。

本書也探討透過大學教育能拓寬視野、開闊思路，學會有深度的思考，提升精神境界，進行成功者的培育。書中有許多觀念不只沒有時間差距，歷久彌新，而且沒有性別差異，不僅對男孩的成長有所幫助，也對女孩的成長有所幫助，不僅對男孩的父母親教育「素養」有所助益，也對女孩的父母親教育「素養」有所助益，父母宜多關心孩子在家庭與學校之外的生活環境，安排讓孩子生活在適當的成長情境中，維持良好的家庭、學校與社會關係，這些為人父母的「素養」，呼應了教育中的身教、言教與境教的功能及潛在課程的影響。

書泉出版社將在最近出版此書，我閱讀之後，因為自己身為兩個兒子的父親而感到受益良多，「要有成功的男孩，需要有不斷學習的父母」，為人父母需要學習與孩子的相處之道，學習去扮演孩子成長過程中的朋友，特別是學習為人父母之道，要有長者的智慧＋朋友的關係＝有「素養」的父母。因此我個人非常樂於推薦本書，這不只是「男孩的成長書」，也是「孩子的成長書」，更是「父母的成長書」。

國立中正大學教授兼教育學院院長
蔡清田

推薦序二

我自己有兩個女兒，一個兩歲八個月，另一個即將出生，要為「男孩」的成長這本書寫序介紹，自覺有些資格不符。一來是書泉出版社陳念祖副總編輯極力邀請，受到多年好友的請託不敢推辭，二來是在收到這本中譯書稿並開卷閱讀後，竟也產生共鳴、感觸良多，雖然本書以男孩為主軸，而我養育的是女兒，但希望子女能夠健康成長、成功學習應該是全天下父母共同的心願。

這本書讓我回想起這兩年多來教養子女的點滴，身為人父，有時因為只是想要圖個自己方便，反而造成夫妻教養觀念上的衝突。某日，我和女兒起了個大早，太太還未醒來，心想先來折疊收好的衣物，然後再來準備早餐，於是就叫女兒自己先去玩拼圖，結果女兒突然說：「我要看巧虎（卡通）！」這時我怕大小姐鬧脾氣，也怕會影響自己原本想要做的事，結果就如了女兒的願。沒想到太太一醒來，看到女兒目不轉睛的盯著電視，就直指我到底在幹什麼？沒給女兒看巧虎，到底在怕什麼？到底誰才是大人？其實我馬上知道犯了一個錯誤：「為了取悅孩子而破壞原則。」事後反省自己因為害怕女兒鬧脾氣，所以經常什麼事都順著女兒，但這只會把女兒養成嬌滴滴的小公主，並不是件好事。

我常犯的第二個錯誤就是「主動為孩子降低標準」或是幫女兒找藉口，例如有次女兒說自己不想吃飯，我就接著說：「你累累了嗎？」女兒馬上接話說：「嗯，我累了。」事後太太提醒我，這才想到不應該幫小孩找藉口，不該只想討好小孩，而忽略、忘了自己身為父母親所肩負的教養責任。

因為我常以為「反正小孩子就是這樣」，這麼小的年紀要求她乖乖坐好吃飯，要自動幫忙收拾碗筷是超出能力的事。但是太太提醒我別太小看孩子的能力，孩子的能力絕對遠超出許多父母的預期，父母如果沒有適當的方法與原則，就會在孩子的耍賴中投降。因此，父母除了以身作則，也要敏於覺察孩子的能力發展並善用引導方法，孩子的表現自然就會提升。

對於小孩，我們希望透過教與養的過程，幫助他或她成為什麼樣的人，這其實是夫妻雙方價值觀的彰顯，與性別問題不必然相關，父母在這個過程中，必須要一直不斷的自問與檢視，但更多時候，我們會覺得最好有一套完備的「使用說明書」，來協助我們教養這個上天送來、獨一無二的孩子！

話題再回到我要推薦的書，《男孩的成長路》是美國著名的教育家納坦尼爾・小福勒（Nathaniel C. Fowler, Jr.）的代表作品之一，他的成長教育系列很早就成為西方重要經典作品，全球有許多國家將其作品翻譯出版，在全世界具有相當廣泛的影響力。本書最大的特色，作者訪談了三百一十九位當時被公認為成功人士的經驗智慧並集結成書，作者提出了許多關注男孩身心靈成長的真知灼見，這不僅是一本教導男孩如何成長與成功的指引書本，讀者在細細品味後將會感到深厚的啓發。

作者視男孩教育「成功」的論點十分特別，他認為要教導男孩學會如何照顧自己，並能解決生活中遇到的問題，然後要能激發其勝任某種工作的潛力，令其對這項工作產生強烈的興趣，此乃基於以下理由：「手藝最好的鞋匠要比誇誇其談的傳教士強得多，精明的管家要比了無生氣的作家對社會做出的貢獻更大。」因此，教導男孩「盡最大的可能運用能力，就是最大的成功。」由此顯見，作者沒有媚於一般的社會習俗，他不會只是簡單的按照社會地位的高低來判斷一個人的成功，反而是根據一個人的能力和興趣進行發展才會邁向成功的坦途。

作者對於男孩的教育理念和方法也獨具一格，他認為許多男孩的學習型態是只會記憶知識而不知如何應用知識，有的則是學習態度很被動，生活懶散、無精打采，而這樣的結果可能是家長或老師造成的。因為負責任的家長和老師不應該只重視孩子在學業上競爭分數和名次，而是要多瞭解孩子的學習情形，多鼓勵孩子理解知識、探究知識並學會表達意見，在過程中要儘量營造自在的學習氣氛，此外，也要培養孩子運動的習慣，最好能選擇從事户外運動，因為大自然就是體育運動的最佳場所，孩子身體健康也是成功的一個重要因素。

最後，這本書中還有許多精闢又獨到的教育觀點，礙於篇幅，我無法逐一引介，有待讀者開卷細讀，自然會有醍醐灌頂的美妙感受。

靜宜大學教育研究所教授兼所長暨師資培育中心主任

吳俊憲

二〇一四年七月

序言

本書是作者本人與眾多成功人士的經驗之談，若能對男孩的成長有所幫助，那將是我們莫大的榮幸。

做你自己——完完全全的自己，不要妄自尊大，也不要妄自菲薄。發揮你的優點，克服你的缺點。找出自己的優勢，發揚它、利用它、依靠它，將它發揮到極致。

Contents

Contents

第一章　成功的要素

讓我們敲開神祕之門，傾聽成功的心得

成功可以說是一種心理狀態，看不見卻又實實在在地存在著，是努力之後的結果，時間有長有短。

辭典學家會認為，成功就是努力的目標、最終奮鬥的結果。不能把運氣和成功混為一談。有運氣是因為有機會；而成功則是主觀上努力的結果。從心理上而言，成功可能隱藏在生意往來、日常工作或體力勞動中。而從行為上來說，成功是一種有目共睹的成就。

努力之後的成功及努力的過程，都是一種體驗。

「別人能做到，我也能做到。」這樣的話語激勵人前進。

一個人若是想把房子蓋好，必須先向建築師學習，研究他們的模型，觀看他們如何操作，琢磨他們的建築風格，參觀落成的建築。

喜歡與厭惡，方式與方法及人們成功的規律，都是通往成功之路的經驗之談。

若把生活寫成一個數學公式，則應爲：**成功＝能力＋機遇**。

對成功與失敗的研究結果顯示，成功與聰明才智有關，與人的長相無關；成功取決於後天的努力及周遭的環境，同時也受先天的才智影響。

任何事情都有規律可循——自然有自然的規律，國家有國家的發展規律，健康有健康的規律，成功也有成功的規律。

大衆化的規律要比特例安全得多，適用性更強。

事實證明，如果前提是人已經出生了，那麼遺傳的因素，就顯得不是那麼重要了。這個例子聽起來雖然有些牽強，但事實確是如此。

即使全世界的動力都集中在一部牽引機器裡，但沒有路基和路軌的輔助，火車也無法行駛。車能啓動，還得注意保持車速，這些輔助條件缺一不可。

有很多的男孩一事無成，部分原因是因爲很多人起步就不對，選擇通往成功的途徑也不對。

在這個世界上，成功與失敗的事例比比皆是。有的人成功了，因爲他既有能力又有機遇；而有的人失敗了，因爲他可能有機遇但能力不足，不然就是有能力但缺乏機遇。其實，兩人家境相同，生活條件相似，獲得機遇的可能性也相等。那麼兩者之間的差距到底是什麼呢？很顯然，兩人是完全平等的，兩人成功的機會似乎也均等。

合理地對男孩灌輸，教育不僅是家長的責任，也是老師、朋友的義務。

從男孩出生時起，就應該給他足夠的關注，以關愛的目光看著他咿呀學語、蹣跚學步，在點點滴滴之中，未來生活的成功框架也逐漸形成。在男孩已學會如何照顧自己之後，面對生活中遇到的問題，他就不會再驚慌失措了。

即使開端良好，接下來的事情若處理不當也無濟於事。但若開端就不對，接下來的工作就會事倍功半。

有潛力的男孩才具有培養價值。這種能夠勝任某種工作的潛力，很快就會在行爲上展現出來，男孩會對這項工作產生強烈的興趣，進而精通於這項工作。

現在是一個講究「術業有專攻」的時代。各個行業領域中的多才多藝者，其實一行也不精通。誰也不能同時精通於兩種事物。手藝最好的鞋匠要比誇誇其談的傳教士強得多；精明的管家要比了無生氣的作家，對社會做出的貢獻更大。

對男孩子要仔細地研究，耐心地觀察，認眞地分析他的一舉一動和喜好。別逼他做任何事，也別催促他，別替他選擇職業，幫助他找到適合自己的工作。

社會上的行業五花八門，而他只精通其中一種。找出他所精通的那行，爲他量身訂做、因人施教。這麼做對他本人、對整個社會都好。

別草率地就把孩子推入某一行業，至少等個一年半載。雖說時間長了些，但總比硬是趕鴨子上架好得多。

邁出的第一步，能決定今後的發展方向。錯了再想改正會費時、費力又費錢。事前先讓他試一試，好過於逼他入錯行之後，再重新來過。

有所成就進而獲得成功，要取決於他是否充分地認識到自身的能力。成功到底是什麼並不重要，只要它是光明正大的、是盡最大努力贏得的即可。

成功可以意味著財運亨通，也可以指政治上有雄才偉略、手握重權、廣結善緣或者成爲高官顯貴。

最優秀的人，要比最富有的人，擁有更多的成功要素。

無論何事，只要做事的人已經充分運用了自己的才能，盡全力做到了最好，那麼這就是一種成功。

客觀地審視自己，積極、充分、正確地運用自己的才能，是實現眞正成功的最高境界。

這點很難做到，但當你的心靈靠近上帝的時候，就容易做到了。

盡最大的可能運用能力，就是最大的成功。

第二章　對男孩的啓蒙教育

開端良好，才能產生好的結果

沒有開始就沒有結果。兩者是相互依存的。

從起步的那一刻起，我們就踏上了人生的征程。錯誤的開始會留下永久的陰影，人們會在接下來的過程中，爲此付出沉重的代價。

錯誤的開端，會使成功之路障礙重重。

時過境遷，適合父輩的不一定也適合年輕的一代。新的理論正與舊的觀點進行交鋒，試圖制定出適合年輕一代的準則。

當務之急是「如何對待男孩？」進一步說就是「如何對男孩進行啓蒙教育？」

起步正確可以使人避免失敗，進而獲得成功。良好的開端是通往成功的捷徑。錯誤的開端，再加上發展過程中，種種不利的條件，最終的結局往往就是失敗。

堅韌不拔很重要，能力也很重要；但二者要依賴於一些條件；而起始階段的條件，要比其他任何時候的條件都重要。

環境與天賦同等重要，兩者的等同性，遠遠超出了我們的想像。

從長遠眼光來看，起始階段的調整變化，對未來的影響是最大的。

成功與失敗，在某種程度上，取決於男孩和他的父母。當男孩開始接受訓練和培養的時候，他就開始向男人轉變了。

父母愈是瞭解孩子，孩子也就會愈瞭解自己和父母，爲孩子規劃前景也就變得愈容易。

無論父母是窮是富，文化程度是高是低，無論他們身居何處，都帶著熱切的渴望，找尋著可以教導孩子的方法。男孩們現在可能很頑皮，但長大之後就會成爲作風嚴謹的男人。

在各種理論氾濫的情況下，有實際應用價值的常識，變得極其珍貴。孤立的個人觀點——自負，隨處可見，這是非常危險的。

我認爲暫時放下情感，理性地把人性看作是物質性的，也並不爲過。

無論是生理上還是心智上，人類都是從哺乳動物的低級階段發展起來的。使他的存在具有重要性的，是他將來會成爲什麼樣的人，而不是他現在是什麼樣子。即使他有自己的特點也不會顯露出來；即使是在思考，他也意識不到自己在思考。因此絲毫也看不出來他的聰明才智。他的唯一特點，或者是唯一流露出的本能，就是一直在要吃的。給他吃的，他就吃，但卻不會主動去找吃的。如果無人照料他，沒人給他吃的東西，他就會餓死。吃東西就是他的全部鬥志的反映。在不吃東西或不想吃東西的時候，他就什麼也不做，不然就或哭、或笑、或睡。他的存在有價值並不是因爲他現在這個樣子，而是因爲他將來要成爲什麼樣的人，或可能會成爲什麼樣的人，或被希望成爲什麼樣的人。他瘦瘦的、小小的、圓圓的，是那麼的無助，卻又被寄予了厚望。他的現狀是那麼的無助，那麼的依賴於別人，似乎是毫無價值可言。然而，一輩子未婚的姑媽和感情豐富的媽媽，卻從這個新生兒身上，看到了兩家人身上所具有的特質。

幾年之後，在男孩身上，人們如願以償地看到了家族榮譽感和父母引以爲傲的特質。生理上的遺傳，在孩子很小的時候就顯露出來；但心智才能在孩子六歲前，幾乎看不出來。即使過了六歲，心智才能也不一定會顯露出來。

等男孩到了十歲或十二歲，父母不僅要繼續關心孩子的學業，更要開始關注孩子身體出現的明顯生理變化。

這個時期的男孩開始表現出個人喜好。儘管喜好不定，但關心他的人會情不自禁地關心他，進而發現某些明顯的特質開始在男孩身上顯露出來，某種特殊才能開始或多或少地流露出來。

經驗豐富的科學家和醫生一致認爲，在某種程度上，遺傳的好壞受限於遺傳傾向。他們的研究證明了，除非男孩有機會繼承生理或心智上的明顯特質，否則他的將來，會在一定程度上受到環境的影響。

千萬要認識到環境的好壞與先天遺傳，對男孩的發展影響同等重要。

十歲男孩的心智已足夠成熟，能開始去體會周遭的環境並受其影響了。此時，男孩逐漸步入孩子期最重要的階段，開始了眞正的人生。十歲的男孩儘管對「男人」的概念還不能完全理解，但已能明辨是非，意識到成長爲男子漢的必然性；已能知道如何去交友，去與家庭、父母及朋友交往。他可能會自負，但絕不會目空一切；他可能會比較任性，但他還未定性，今後會變得比較隨和。他將踏上人生的旅程：青春如綠草；快樂彙集成小溪；因沒有重任在身而倍感輕鬆。但他即將長大成人，面臨嚴峻的考驗。儘管前景尚未明確，但生活即將失去單純的快樂。他對此並不喜歡，但很少有家長會注意到這點，更不會意識到其嚴重的後果。父母也好、周圍的人也好、甚至連他的老師，都僅把他當作一個孩子看待，似乎根本就沒意識到他已經開始長大成人。

我們現在的文明可以說是比較進步的，但社會的基石卻並不穩定，而上層建築正是建立在這個基石之上。

男孩接受的是最基礎的教育。他學習讀、寫、算等基礎課程。他做任何事，都必須遵照教育中規定的原則，不管願不願意。規律即是如此，而規律往往是正確的。

如果男孩將升入大學，開始考慮一些傳統課程的學習並不算爲時過早。可能短期內用不著，但早晚有一天會用上的，這樣他就可以很從容地走向大學。

在強迫之下學習的男孩，既沒打算成功也不會成功。不顧男孩的反對，一意孤行地強迫他去學習傳統課程或是其他高等教育，並不是個好主意，這樣做既不對也不公平。男孩具有和父母同等的選擇權。如果已經超出了確保孩子安全、健康、合情合理及接受基礎教育的範圍，那麼父母這麼做，就說不過去了。

如果有必要，可以強迫男孩接受基礎教育，但再進一步就沒必要了。學完基礎教育，孩子和父母具有一樣的權利，去決定將來的發展方向。如果他是個有個性、明理的孩子，那麼對於將來教育問題的選擇，將決定他將來如何謀生，這對孩子比對父母更重要。如果這個孩子是個可造之才，那就沒必要強迫他了。無論如何，家長都不該強迫孩子接受高等教育。

男孩的成功與他各方面的能力息息相關。這個男孩更適合朝什麼方向發展？他愛動腦筋嗎？他總是死記硬背，還是喜歡自己分析？他總是重複別人的東西，還是喜歡自己創新？

家長的責任是鼓勵孩子，爲孩子指引方向，把孩子帶入正軌，讓他按照自己的選擇去發展，在孩子前進的途中幫他一把，甚至是爲孩子做好善後工作。

那些笨拙、無知、不稱職的律師、醫生及政客們，多數都是那些野心勃勃、驕傲自大的家長干涉下的產物。而整個社會爲此付出了沉重的代價。

那個男孩在一個小地方當一名機工，要比當名最爛的律師強得多；當名木匠要比當個屠夫似的醫生更稱職；當個收穫頗豐的農民，要好過於當名無知、誤事的議員。

多大的男孩都不能放任自流，他必須受到管束。不受管束的孩子，就像沒有舵的船一樣，是非常危險的；但是若管束不當，則比船沒有舵更危險。當男孩開始成熟的時候，應該擁有發展個性的自由，在決定自己將來的發展問題上，應該具有發言權。明理的孩子應該被給予信任，他的喜好應該得到尊重。

人類法則和家長法則的運用，不應過度張揚。如果這是一個有個性、已經懂事的孩子，就應該被賦予權力去做出正確積極的選擇。而他往往會尊重明智的家長提出的反對意見。

家長的確有權管束孩子，但前提是使用權力得當。如果這個男孩已經足夠成熟懂事，他就應該擁有自己的權力。其實孩子和父母的權力並不互相矛盾。

父母之愛、明智之愛已經名不符實，已經成爲一種約束力，當然，它比強硬的家長制作風要強得多。

我深知無論父母多麼優秀，在教導孩子這方面，有時也會感到力不從心。但身爲父母，他們必須竭盡全力。如有困惑，可以向他人請教。無論怎樣，多數人的判斷，總會比個人的片面之見明智些，而且很有可能就是眞理。不受他人影響，片面武斷地做決定，決定的正確率只有百分之五十。若接受他人的建議，不斷修正自身的錯誤，做出的決定可能不是百分之百地正確，但至少不會鑄成大錯。

男孩在很早的時候，就開始顯示出他適合什麼，或是可能會朝著某個方向發展的傾向。他開始審視自己，也開始被人審視；開始探索自己的想法，也開始引起別人的關注。對於他的性格特徵、喜好傾向及具有的優勢、劣勢，應予以仔細研究，以便爲他找出一條發展道路，當然這只是條建議他走的路，決不帶任何強制性意味，可做適當的更改，但大體方向是不變的。

任何違背男孩天性的事，都會造成心理或生理上的畸形。男孩做得很好的方面，往往就是他的興趣所在。根據個人能力進行發展，才是到達成功的捷徑。違背個人天性即意味著失敗。男孩的喜好可能與個人的能力並不相符。他可能也不瞭解自己，他的父母可能也不是十分瞭解。他的老師也可能會做出錯誤的判斷。沒有什麼事是絕對肯定的。任何可能性都可能存在。若男孩想做的事恰恰就是他應該做的事，那他成功的幾率就大大增加了。奮鬥的慾望加能力，就能換來成功。一個人失敗，是因爲他所做的事不是他自己想做的；不然就是因爲他做的事是他不應該做的。幾乎所有男孩的成功，都是由於他的喜好與能力能夠完美地結合在一起。兩者結合得愈早，男孩成功得就愈早。

家長應當協助老師做好教學，使之更加生動有趣、更具實用價值，也使授課的老師感到身心愉悅。但若是家長做得不當，則會適得其反，孩子會覺得沒有家長參與反倒更好。

想幫助孩子進步，有的家長有這個能力，而有的家長則沒有。如果有個男孩對機械有著濃厚的興趣，在家裡就應該儘量爲他提供機械類的東西來操作，滿足他的興趣和喜好。爲他提供的機械類的東西愈多愈好，當然前提是不影響正常的作息和健康。操作機械、看著機器運轉、身臨其境到廠房現場，即使只是讓他參觀一下，也會對男孩將來的發展大有幫助。

如果男孩喜歡在農場工作，那麼待在戶外是最合適不過的了。待在農場能讓男孩深刻認識到作一名出色的農民而不是苦工的好處。在那裡應該讓他看看耕作土地和被土地操弄得半死的區別。

如果男孩喜歡做生意，就應該在適當的年齡讓他接觸正規買賣，遠離非法貿易；讓他看到貿易光明的一面，而不是其陰暗面。

如果他願意做一名學生，喜歡鑽研，那就應該為他盡可能提供一切學習條件，讓他置身書海；讓他認識到簡單的記憶、背誦只是學習最基本的要求；書呆子好做，讀書人難當。學習絕對不能影響適度的戶外體育鍛鍊。學習過度與放任自流同樣有害。學習若以失去健康和兒時的快樂為代價，則會變得得不償失。

如果男孩熱衷於某種職業，那就讓他徹底地瞭解它，無論是好的一面還是壞的一面。別讓他迴避事物的陰暗面。在全方位瞭解的基礎上，去適應這個職業，將來才不會失望。

無論男孩適合做什麼或是想去做什麼，只要它是有道理的，切合實際的，不會影響他的日常生活，不會剝奪他的快樂，他就可以去做。即使只是個學生，他也清楚地知道自己將來要承擔的責任是什麼。毫無疑問，如果男孩能在很小的時候，就想好自己將來的發展道路，有機會在適合的環境中得到鍛鍊，那麼對他來說，找到自我、把持自我，輕鬆自然地為將來的工作做好準備，會非常容易。

男孩就該有男孩的樣子，早熟是非常不正常且危險的。在成長的過程中，男孩不必承擔作為一名男人應承擔的責任。他只是有意無意地選擇他喜歡的事業，逐漸朝那個方向發展。在父母和朋友一定程度的幫助下，男孩愈早做出決定，獲得成功的難度愈小，時間也愈早。

他會自然而然地進行過渡，不必荒廢學業，也不必犧牲作爲孩子應享有的快樂。

很多男孩並不知道自己到底想做什麼，也沒有得到中肯的建議。這樣的男孩當然會處於劣勢。不是成功沒有眷顧他，而是他沒有準備好，因爲他在事前若能先想想自己將來的發展方向，也就不會這樣了。

就像旅遊時，如果遊客在一開始就做好各方面的準備，那麼他就不會錯過任何一道風景，也不會遺漏任何他應領會的東西。

應該讓大自然的美景得到充分的展現，因爲大自然當中是沒有任何錯誤和虛假的。而男孩的「自然風景」就在於他完整的一面。認識男孩最完整的一面，找到他身上的優點和長處；然後幫助他、鼓勵他、培養他，讓他順其自然地發展下去，使男孩的「自然風景」可以有全面的展現。

第三章　青少年時期的男孩教育

幼苗定型期

一般來說，無論是否畢業於高等學府，所有男孩都接受過中級教育，大約有百分之八十五的男孩，接受的是免費的義務教育。

很顯然，沒接受過基礎教育的男孩很難有所作爲。他不可能會成功，也不可能會出人頭地。無論他將來是否要接受高等教育，也無論他會成爲體力勞動者還是律師，這種基礎教育都是非常必要的。除非男孩的智力極其低下，否則他必須掌握這些基礎知識，如有必要，採取強制性手段也不爲過。

首先，應該教會孩子學習的方法；然後再培養孩子學習將來的謀生手段。

男孩的確會遺忘很多早期經歷。他可能已經記不起兒時的煩惱是如何解決的；也可能已經忘記自己曾報考大學失敗。但無論他會忘記多少往事，他都已經獲得了經驗，並學會了如何去獲得它。不管他是否依然記得早期接受的教育，他已經透過它，學會了如何更好地掌握機會。

一名普通的男孩只是群體中的一員，能力一般，社會地位也一般。一個班級中至少有二十五個學生，也可能是五十個或更多。他只是班級中的普通一員。目前的教育體制還不能眞正做到因材施教。男孩和他的同學們接受的是完全一模一樣的教育。無論老師是多麼敬業、多麼有才華，他都不能做到給每個男孩更多的關注。

許多教育權威都理所當然地認爲男孩是教育機制中的一部分，而不是個體，男孩需要有這樣一個完善自我的過程、吸收知識的機會。不過也有些教育專家批評現今的教育體制，認爲它沒有爲個人的興趣發展提供條件和指導，離教育理想相距甚遠。毫無疑問，在這兩種極端觀點之間，肯定存在著最適合的教育方式，它能有效地發現學生的潛能並予以發展。但這只是在理論上成立，目前現狀就是如此。

然而毋庸置疑的是，接受了基礎教育的男孩，還需要有相關的個人關心與協助。倘使學校教育沒有提供或不能提供這些，那麼父母、監護人、親朋好友等，則要承擔起這樣的責任，否則男孩就會處於孤立無援的境地。必須要有那麼一個學校之外的人，去體驗男孩在學校的感受，設身處地地爲他著想，扮演老師助手的角色。

很不幸的是多數學校教育，都傾向於培養孩子的記憶力，而不是他們的思考能力。普通學校的老師通常沒時間、可能也沒有能力去培養學生的思考能力。男孩可能只會鸚鵡學舌，而不會自己動腦分析。他可能從不出錯，總是拿一百分，但從長遠發展來看，作爲班級中的佼佼者，若與班級中成績落後的同學相比，可能還不如他們。

除非男孩能進行自我調控，否則學校教育除了提供基礎知識和基本的培養外，毫無其他價值可言。鸚鵡只會動嘴學舌，毫無自己的想法。許多男孩在班級中名列前茅，但都是憑缺乏理解的機械背誦來獲取高分的。

眞正關心男孩成長的父母，才是負責任的家長。他們會盡可能地去瞭解孩子在學校的學習情況；他們會讀孩子的課本，與孩子一起研究功課；他們會給予孩子必要的關注，而這種關注往往是老師無法給予的。父母若受過良好的教育，那當然是最好不過的；如果父母沒受過教育，那這就是與孩子一起學習、共同進步的良機。

父母不要把家庭功課弄得太難、太累，要寓教於樂。學習並不是份苦差事，在理解充分、得到指導的情況下學習，應該是件令人高興的事。老師不能總是讓教學保持在輕鬆愉快的氛圍中，可能老師沒時間也沒機會去這麼做，甚至好多老師根本沒有這個能力去這麼做。

但父母就能做到。他們能幫助孩子愛上學習，認識到學習的價值所在。

每個家庭、每所學校都應該關心教育問題，這對年輕人的發展大有好處。

父母不能把所有的責任都推卸給學校；他們應與校方通力合作，爲孩子的前途著想，爲整個社會著想。這種合作並不是指誰應聽命於誰。合作能簡化教育過程，使之進一步發展壯大，並更加有效；合作還能激勵男孩積極地投身到學習當中去，對他們不僅要授之以魚，還要授之以漁。

私立學校在教學方法上與公立學校差不太多，只不過是給予學生以更多的關心。有些私立學校在各方面都比公立學校好；而有些學校則要差很多。私立學校具有一定的優勢，並能充分利用這一優勢。

所謂的「社會大學校」，教授的都是課本以外的知識。值得慶幸的是大多數私立學校是眞正的教育機構，其工作人員都是正直、有能力、適應性強的人。男孩在這樣的良好環境中，會擁有很多發展機會，這才是幸運中的幸運。

父母的責任是關心孩子、協助孩子、鼓勵孩子並與老師通力合作，但他們不能取代學校的教育。教育體制中的確存在很多弊病；許多教育委員會成員不能提供各方面的建議；許多老師缺乏能力、方法不當。但是從整體上看，教育體制、委員會成員和老師，在採取方法予以指導方面，要比父母更勝一籌。家長必須承認這一點。

找別人的短處很容易；誰都可以對教學方法和老師個人提出反對意見。但是合作、協助和激發興趣，要比找錯和背後批評有用得多。

家長應尊重老師的權力，應協助老師而不是去找老師的毛病。他們應是老師的助手和朋友，因爲即使是能力有限的老師，在家長的協助下取得的成果，也要比優秀的老師靠自己一個人的努力得來的成果強許多。

老師有老師的作用，家長千萬不能挑戰學校教育的權威性。

家長有家長的權力，老師也不能侵犯家長的權力。

男孩也有發展自己個性的權力。校方和家長都應該尊重「小男子漢」的決定。

家長、學者及老師應該立場一致，通力合作，不要視彼此爲競爭對手。只有在各方對合作感興趣、有熱情、對待彼此態度友善的情況下，才能達到共同教育的目的。

第四章 「好學生」與「差學生」

學習不做無用功

成績優秀的學生往往更容易獲得成功。可是班級中很多名列前茅的學生後來一事無成，而很多在班級中屬後段班的孩子，後來卻成為人中龍鳳。

小時候學業優秀不等於說長大後就一定能成功。腦子反應慢、能力差或不用功的孩子當然不會成功。但是許多學業不好的孩子後來都成功了，而許多學業好的孩子後來卻一事無成。正因為如此，是否獲得過獎學金或在班級中排名第幾，並不能作為判斷學生前途的絕對標準。

事實證明，多數後來成功的人，當年在班級中既不在前也不落後，這也許是因為班級中處於中游的學生人數本來就最多。不過多數成功人士在校讀書時都是中上等生，而多數不得志的人都屬於班級中的中下等。

讀書時總是落後的學生，長大後很難有所成就。僅僅是因爲懶惰、沒有上進心或興趣在其他事情上而不能與其他同學齊頭並進的孩子，將來很可能會飛黃騰達，當然前提是他已認識到過去的問題。對於班級中的佼佼者來說，想爭班級第一是短期的唯一奮鬥目標，所以他們成功的可能性要遠遠小於中等生。

有些男孩去上學只有一個目的，那就是學該學的東西。學習時靠的是理解而不是機械記憶，他不是學人說話的鸚鵡。考試中也不會照抄照搬。他學習知識只是因爲這些知識有實用價值。他活學活用，學能理解的知識，對於不能理解的部分，他會採取放棄的態度。因此，他在班級中只能位居中游，無法與那些擅長死記硬背的孩子一較高下，但是這類的男孩成功的可能性往往更大。

許多男孩學習都很被動，知識被死記在腦中毫無用處。他對知識完全不理解，能在班級中名列前茅，完全是靠在考試中死記硬背。這樣的男孩成功的機會很渺茫，因爲他不會活學活用。他的腦中堆砌著一串串抽象的數字、年代和大量的單詞，因此作爲一個知識倉庫，他是成功的；但作爲一個個體，他是個徹底的失敗者，只能算是個知識的守財奴，一個有知識的機器人。然而他可能會以班級第一的成績畢業，因爲對於現有的打分標準來說，背出來的標準答案和理解之後作出的答案是一樣的。有些教育專家認爲只要用功背就好，並不在乎是否理解知識；只要男孩能用書中的話來回答問題，就會使他們感到滿意。他們鼓勵學生把爭奪班級第一名，作爲自己最終的奮鬥目標，由此導致好多學生爲了這個目標而變成了學習的機器人。

教學機構從不過度表揚佼佼者，也不過分貶低後段生。讓學生進行記憶並不是單純地只爲了提高記憶力，而是爲了讓學生更好地記住知識。學生只要盡全力去學就好，與其依靠機械記憶成爲佼佼者，還不如腳踏實地眞正理解一些知識，哪怕不能全部吸收也好。

男生若能掌握課本以外的有用知識，無論目前在班級中能排在第幾名，將來遲早會成功。不過這種男孩多數不會排在末尾。

注重學習眞知識而忽視名次的男孩，成功的幾率會更高。這樣的男孩學習目標明確，盡力去理解知識，所以考試的名次可能沒有死記硬背的孩子高。

男孩的學習名次如何並不重要，重要的是他是如何去學習的，或者換言之，在校受的教育到底對他有多大幫助。

學業上的競爭十分簡單。所有的競爭無論有無必要進行，都是不自然的。做生意需要有競爭，但現在的生意並不是高級文明社會所應有的，眞正高級文明社會的生意並不是這樣的。在學習過程中根本不需要有競爭。老師也好、政府也好，都不該鼓勵這樣的競爭。眞正學習好的人很少會成爲這種競爭中的勝者。廣義上講，競爭是指在戰勝對手的前提下獲得利益，也就是說，另一方在不情願的情況下放棄或沒能爭取勝利。

只要死記硬背或是搞疲勞戰術、用塡鴨式方法來學習，學生就能獲得好名次，不過學生的記憶力方面的發展卻是畸形的。

記住的東西，只有是有用的才能具有價値。記憶力是上帝賜予我們的無價之寶，是一筆財富。

記憶力有了充分發展，就能好好地利用輸入和輸出資訊，無論對誰而言，都是大有好處的。

很多男孩因爲爭奪名次而抑制了自己的發展，甚至犧牲了自己的理解能力，因此智力發展受到阻礙，腦中除了對應試有用的文字、資料外，其他知識一無所有。

有些具有成材潛質的男孩，淸楚地認識到一味追逐虛榮，可能會喪失許多可貴的東西。學校教育對他們而言，成了幫助他們成功的助推器。他取其精華，去其糟粕。他在理解的基礎上累積知識，從不死記硬背。換而言之，他是爲了用知識而學習的，不是爲了記住某知識。無論男孩的名次如何，他是最會學習的人。等他長大了，兒時的班級名次對他而言已變得毫無價値，只有腦海中的知識對他才有用，這是筆誰也搶不走的財富。

一心想爭第一、把別人比下去的男孩，學到知識後根本不知如何使用。他很有可能會變成一個有文化的廢物，對社會毫無貢獻；自身的記憶力、才智發展都受到了束縛。

班級中的佼佼者可能是個失敗者；班級中的倒數第一名也不會成功。眞正成材的人在多數情況下，不會來自於這兩個極端。他們更看重對知識的理解而輕視名次。名次看似很重要，實則不然。其實成材的男孩也不是對名次毫無知覺，如果哪天他被別人超越了，他會加倍努力；這樣做不是爲了勝過別人，而是爲了一種學業上的滿足感。他具有活學活用的本領，自然而然就成功了。

第五章　大學門前的抉擇

適合自己的，才是最好的

高等教育可以指接受完基礎教育後的繼續教育。它包括除了商業教育以外的諸如各類大學、科研所、技術學院等機構提供的各種教育。

幼兒園、小學、文法學校或高中等教育機構提供基礎教育。

無論男孩是否打算參加工作或繼續學習，都要接受基礎教育，否則將無法適應社會需要，也無法進一步掌握科學知識。

在男孩接受完基礎教育後，很多家長自作主張爲孩子選擇出路：賺錢謀生，或是升入高等學府。如果男孩學習成績不錯，而父母又有能力付學費，他們很可能會勸導孩子，甚至逼著孩子去大學讀書。

家長經常誤把記憶力好當成學習能力強，只憑成績單做判斷，而忽視了對孩子實際能力、對知識運用能力的瞭解。

記憶力好的人，考什麼試都可以輕鬆過關。不過孩子在考試中的優秀表現，有時可能會誤導人們去做出錯誤的判斷。學業平平的孩子在生活中，不太可能成爲佼佼者，而成績優秀的男孩也不能單憑死記硬背得來的成績，就被斷言說將來一定會成才。

學業優秀的男孩，長大後可能會失去分析思考的能力。

記憶力的培養屬於教育中的一部分。教育良好的成功人士都有良好的記憶力，都有活學活用的本事。很多記憶力超人的男孩，都只會學不會用，變得「茶壺煮餃子，有嘴倒不出」。

決定男孩將來是就業，還是繼續深造，主要根據孩子更適合什麼來做判斷，而不是孩子已經做過什麼或是看起來像是能成爲什麼樣的人。

教育不是萬能的，但也絕不會把孩子教壞。如果是男孩的個人問題，無論他是否接受教育，結果都是一樣的。如果他學壞了，也是在升入大學之前學壞的。教育對愚鈍的人無能爲力。大學生在做體育運動時，可能比做學問更積極一些。有些大學生也的確承認自己不太出色。但這些並不能證明大學教育是失敗的。大學代表著正統、優秀，是文明發展中不可缺少的一部分。在全世界都是如此。有些個別的男大學生可能做事不太妥當；有些可能經常做傻事。不過，這些男生若是沒上過大學，可能會做出更傻的事。

在工作中無所作爲的男大學生，若沒受過高等教育，恐怕會成爲一個徹頭徹尾的失敗者。對自己的學業驕傲自滿，輕視勤奮的男孩，才是一個道道地地的庸才。這樣的人可不是大學教育培養出的產物，而是低等血統的後代或是優良血統中的異類。高等教育不會毀掉任何一個男孩，不過對於不喜歡鑽研學業的人來說，倒是可能是在浪費時間。

男孩應當上學接受基礎教育，即使是使用強迫的手段也不爲過。但是強迫男孩去上大學卻是不妥的。若是男孩堅決拒絕上大學且理由正當，那麼家長就不該再強迫他們了，否則相當於把孩子投入了教育的牢籠，這種行爲相當於犯罪。家長可以提出正面的意見或建議，可以向孩子列舉出上大學的若干好處，也可以向孩子表達出自己對他的期望，但家長能做的僅此而已。男孩在接受完基礎教育之後，有權利決定自己的將來去向。

若男孩除了想就業外，對其餘的都不敢興趣，那就讓他就業吧。就業四年後的他收穫頗豐，遠比在大學混四年強得多。在大學學習倒是能擴展他的知識，但要花費四年的時間似乎有點太浪費了。若他眞是個一無所知的男孩，那麼即使上了大學也不見得會多知道多少。

大學課程並不能教男孩致富，但大學教育的確能拓寬他的視野、開闊他的思路，使他學會有深度的思考，提升他的精神境界。

男孩自己願意上大學才去大學讀書，他才會不畏艱難，不惜任何代價去追求眞理。在這種情況下進行教育，不會給男孩帶來任何麻煩。男孩能自動自覺地去學習，且從中受益。男孩在認識到高等教育的價値後，會決定去接受教育。他和他的父母會願意爲此付出任何代價，即使他們尙未明確前途將如何。

技術學院及其他技術學校與大學一樣，設置這樣的學校，主要是爲了滿足那些想學科學技術的人的需要，是正規大學教育的替代品或是補充。

自覺接受高等教育的人，有可能既學了大學的正規課程，又學習了技術學院的課程，但相對而言，很少有人願意這樣做或有時間這樣做。有時有人認爲，花這麼多時間在這上面完全沒有必要。

男孩若想用技術賺錢，去技術學校學習是必要的一步。他可能起步較晚，但肯定會進步的。他在學校三、四年學到的知識技術，要遠比在實際中累積的經驗多得多。不過，能在貿易、機械、科學領域占有一席之地的人，幾乎都是接受過高等教育的人。

很難下定論說，就讀傳統的正規大學對男孩就職是否眞的有幫助。我個人堅信是有幫助的，我奉勸想做生意的男孩們先接受大學教育；而想用技術賺錢的男孩先去技術學校學習，哪怕只學一段時間也好。熱衷於學技術的男孩，會全身心地投入到學習當中去。喜歡學習的男孩在完成基礎教育之前，就會表現出明顯的求知慾望。

總之，對於想上大學的男孩而言，上大學是件好事；但對於即使被勸說也不願上大學的男孩來說，上大學不見得就是件好事。

第六章　社交的困惑

人的兩個天地——家庭和外面的世界

遺傳因素很重要。健康、聰明的父母的子女，往往比身心條件較差的父母的子女，擁有更好的先天條件。科學家們一直都相信血統的影響力，以往的經驗和現代的發現，都或多或少證明了直接遺傳的影響力。目前，人們普遍認爲除了在胎兒期形成的身心特徵外，孩子繼承的更多的是某種習性，而不是對父母的東西的照抄。雖然孩子身上仍有父母的印記，但不會受到太多的影響。

研究人員發現，環境和血統同樣對後代的發展有影響。先天條件好但成長環境差的孩子，比先天條件差但成長環境好的孩子，更有可能成爲罪犯。很多事情都不是由個人意願決定，而是由生活來決定的。

後天環境更重要。

學生不可能經常被家長老師照顧，這也不失為一件好事。他遲早會離開家和學校，到外面去打拼的，早點意識到自己的責任也算是件好事。這是個學會獨立的好機會。

世上存在著誘惑其實也是件好事。沒有邪惡的誘惑，哪裡來的與之相對的眞善美？男孩面對現實的時候，若不會分辨是非，就無法與邪惡相抗衡。正如知道火是熱的，才能不被燙傷。孩子沒必要為了瞭解邪惡而變得邪惡。他必須直接面對，防禦愈強，愈能戰勝誘惑。

在家庭與學校之間是外面的世界，它對孩子將來的發展影響很大，比家庭與學校更難處理。

許多家長認為在家和在學校管好孩子就行了，卻忘了家校之間的環境，也會嚴重影響孩子的成長。顯然，無法使男孩完全避開與問題人物的接觸。男孩必須能看到事物的雙面性，但認識和與之為伍完全是兩碼事。醜惡的事是做為反面典型給孩子看的。

無論男孩自己是否已意識到，與壞事打交道，會使人身心受挫，是個不爭的事實。

有時，父母有必要限制男孩的人際交往，告訴他可以與誰交往，誰不可以交往。但應盡可能地避免強硬的命令方式，否則會引起孩子的叛逆心理。

對於孩子建立社交圈的問題，家長應給予的是合理的建議而不是強硬的管制。如有必要，父母可以幫助男孩選擇夥伴，但若孩子不需要幫助，家長絕不能橫加干涉。父母若能成爲孩子的夥伴、摯友，則能輕鬆地幫他選擇社交對象，而且不會產生任何意見分歧；同時，父母也是男孩夥伴的摯友。由此一來，父母可毫不費力地就直接接觸到了孩子的社交界圈。

父母若不能成爲兒子的夥伴、朋友或是對孩子的喜好也感興趣，就不能奢望可以成功地爲孩子建立社交圈或者操縱孩子的生活。但父母千萬不能採取強硬手段，強迫不能使人成爲知心朋友。

父母若不懂與孩子的相處之道，最好別強求。不過有志者事竟成，就看父母想不想努力，沒有哪個孩子不渴望與父母成爲朋友的。

許多生活中的敗筆，都是由不健康的交友導致的。學校、家庭若不盡力，則很難幫助男孩擺脫不良糾纏。學校對男孩的教育不僅僅侷限在校園之內，家庭對男孩的教育也不僅僅侷限在家門之內，雙方應多多關心孩子在學校之外、家庭之外的生活圈子，這樣才能保證，無論何時何地，男孩都能生活在一個良好的環境當中。

學校和家庭還應鼓勵孩子多多結社、交友。參加這種社團當然不是爲了打發時光，而是爲了多涉獵各個領域的知識。這種社團多多益善。

有益的社團活動，可以使年輕人逐漸學到自尊與獨立。

男孩子與其悠悠逛逛或窩在家中無所事事，不如出去參加划船俱樂部或某個社團，使日子充實起來。

當然，首先要保證這些社團是合法規矩的，因爲有時可能有人利用某些俱樂部去犯罪。不過由社團來督促男孩遵規守紀，相對更容易些。

對於男孩來說，社會活動與學業、家庭同樣重要。

男孩都喜歡有自己的社交圈，男孩比成年人更需要社會交際來往。

有人會說，年輕人的成長過程中，有三個主要因素：家庭、學校和社會關係，三者缺一不可。任何一項出現問題，都會影響男孩的發展。其中一項有欠缺，也許還不會有太大影響，但若是有兩項出現問題，那麼，男孩是肯定不會成功的了。只有三者都具備了，男孩才能夠獲得豐碩的成果。

遭受一定的困難、挫折，對男孩的成長是有益的，但過度的打擊，不利於男孩健康的成長。

良機在握的男孩，比沒有機遇的男孩，會表現得更加出色。

性格堅強有毅力的男孩更容易成功；如果阻礙不是很大，成果會更加顯著。

有益的幫助更能助男孩成功；偶然的挫折可能激勵人成功，但若困難太大就適得其反了；給予幫助太多，也容易妨礙男孩的發展。適度的幫助和少量的挫折，是男孩成功的有效助推器。

而男孩的社會關係、人際關係也會是成功的助推器之一。

男孩周遭的事物，對他的發展都有影響力。

男孩的父母若能成爲他的朋友，那就再好不過了，但只有父母沒有朋友在身邊，這是遠遠不夠的。

男孩的成長離不開身邊朋友的支持。若父母和學校能融入到他的社交圈，幫助他明智擇友，無論對男孩還是對社會來說，這都是件好事。

讓男孩駕駛著友善之船駛向成功的彼岸，千萬不要把意願強加給孩子，束縛住他的手腳。

放開束縛，讓他在自由的大海裡任意地暢遊吧！

第七章　初入職場

他們已經出發！讓我們跟隨他們的腳步一起前進吧！

男孩初出校門，步入職場，多數都是從最低層做起。大學畢業生步入職場可以以新人身分做起，也可以從職場的第二、第三層做起；即使是從最低層做起，他也不會在那裡停留太久。從正規技術院校畢業的學生，接受過正規培訓，基本上不用從最低層做起。

男孩初入職場，很少有人能養活自己；幾年之後，條件會有所改善。

男孩及其父母應該把工作的最初幾年，視爲學校教育的延伸部分，剛畢業的頭二、三年期間，在老板眼中，他們缺乏經驗，毫無價值可言。但這二、三年的經驗對男孩而言，是極其珍貴的。無論在校期間他學得多麼的好，理論和實踐之間總是有很大差距的。

男孩在工作最初的狀況，絕對不能說明他的前途是怎麼樣的。剛開始工作時，一周只賺幾美元，但卻有很多發展機會，這要比賺得多、機會少，強得多。

有些物質條件較好的父母，目光短淺，要求孩子只顧眼前利益而犧牲掉遠大前途。他們要求孩子把眼前利益放在第一位，寧願低職高薪，也不願低薪好前景。

我們需要再一次警告那些父母，不要違背孩子的意願去做事。既然男孩已大到可以就任工作，那麼他也大到可以自己做主了。他擁有自主權，而且應該得到尊重。他正在為自己的前途打拼，為將來打基礎。也許要學好久，他才會成功，但他不能輕言放棄，除非事實證明他當初的選擇是絕對錯誤的。

男孩最初的職業選擇好不好，決定了男孩的將來是否成功。如果男孩自己決定要成為雜貨店老闆、機械工程師或投身其他某種行業，並且能說出擇業的理由，那麼他很可能真的適合這個行業。熱愛自己的職業，不等於說他就一定會成功；但對職業的熱愛，可以使他充滿雄心壯志，蔑視一切艱難險阻。

熱情加能力可以征服一切。沒有熱情只有能力也可以成功，沒有能力只有熱情也不一定會滿盤皆輸。但既有熱情又有能力就一定會成功。

對某事的喜好或嚮往，暗示著某人具有做此事的能力。某人想做的事，很可能就是他最擅長做的事。對於他不想做的事，他可以學著去做；但對於他不想也不能做的事或根本不想學著去做的事，他能做好的可能性不大。明確知道自己想要做什麼的男孩，往往能說出選擇的理由，其中百分之九十九是正確的選擇。

理智的家長會在很長一段時間裡，密切關注孩子，瞭解他的喜好，找到他的潛能。男孩即將長大成人，他已進入關鍵時刻，任何的錯誤選擇，都會讓他付出慘痛的代價。此刻，家長應當給予更多的關注，和他談心、提供建議、協助他全面認清所選的職業。

只要男孩選定某種職業，就把它的最眞實的一面呈現給他，他會欣然面對的。成足在胸的他會謹愼地權衡利弊，在有把握和熱情的前提下，做出決定。

値得注意的是，有的男孩總是朝令夕改、猶豫不決，這樣特別容易失敗。當然，隨著條件的改變，也有可能會改變主意，不過多數成功機率大的男孩，都會目標明確，除非他後來發現當初的選擇是錯誤的，否則不會輕言放棄。

男孩適合做什麼才是最重要的，而不是父母想讓他做什麼。

他有充分的自主權，在父母的幫助下，理智的男孩會利用這個權利。當然，前提是父母做法得當，不會越權，若父母強行限制男孩、從不考慮他的理想和能力，這麼做不僅是不正常的，而且可以說是一種犯罪。

我對那些粗俗無理的男孩一點好感也沒有，也從不認爲這樣的孩子會爲自己做主。他們必須遵循法律、尊敬師長，不然就應受到懲罰。不過決定他的前途的權利，掌握在他自己的手中，別人是插不上手的。

稱職的父母應該考慮的，是什麼最適合孩子，而不是什麼是最適合自己。他們會尊重孩子的意願不予強迫；幫助孩子做決定，並幫他證明他的選擇是正確的。

無論男孩從事什麼工作，他開始賺錢的第一年是最關鍵的一年，直接影響著他的將來，他將終生難忘。如果他的所作所爲是對的，他離成功的距離就又近了一步，如果是錯的，必須從頭再來。

工作第一年很關鍵，這裡指的不是第一年能賺多少錢，而是剛參加工作的頭幾年，就像在學校實習一樣，是累積經驗的過程。在此期間不能指望能賺多少錢，當然前提是父母能在經濟上予以援助，否則男孩就會很辛苦，他得既爲眼前打算，又得爲將來著想。若父母有經濟實力支援他，能賺多少就無關緊要了。在工作的頭幾年，最重要的是累積工作經驗。

無論孩子在念書還是在工作，父母都應該給予關注。初入職場的男孩，甚至比在上學時，更需要父母的陪伴和家庭的溫暖。

第八章 人生路口，何去何從

深思熟慮，謹慎選擇

廣義而言，做生意是指買賣行爲；而職業可以指買賣才智、交流賺錢的心得或經驗，也可以指不計酬勞地使他人受惠，促其發展。

若男孩只在乎錢，那他一定更適合在生意場上打拼。基本上，所有有錢人都是生意人，或將生意和職業合二爲一的人。多數在職場上打拼的有能力的人，只能賺錢餬口，只有少數人能賺大錢。職場最底層的人爲了溫飽而奮鬥，而職場高層的人則非常富有，豐衣足食。

對於多數指望依照常規努力、爬上職場高層的人而言，其難度不亞於衆人一起擠著走獨木橋。成千上萬的律師、官員、作家、教授及從事其他職業的人，沒有做生意的頭腦，缺少魄力、意志力和能力，因而一生庸庸碌碌。據說只要有招聘者公開招聘，就會有求職者蜂擁而至，因此可以說有好多人都是「失業專家」，這樣說還是有一定道理的。只有才華橫溢、不屈不撓的人才，能通過層層考驗。意志軟弱沒有能力的男孩，不適合做律師。

職場上競爭激烈，有實力的人才能脫穎而出。普通男孩都選擇做生意或學手藝。勤勞的人能靠做生意謀生，但是光有勤勞、體力、堅忍和抱負還不夠，還需要有能力、學識並能適應社會。

教育本身並無價值，可是當知識在實際中得到應用的時候，教育就變得有價值了。成千上萬的虔誠牧師，一心一意侍奉上帝，但卻無法修成正果。還有些人野心勃勃，但因缺少能力而一事無成。他們既無技術，又無適應能力，根本無法參與職場競爭。有些不稱職的律師有可能更適合當個生意人。他們做不了律師是因爲空有滿腹經綸，卻缺乏基本的操控能力。

成功的職場人，生來就是幹這行的，再加上後天接受的教育、培訓及抓住的機遇，成功便是水到渠成的事了。弱者變得強大，乏味的人則變得有趣，愚鈍的人可以變得聰明，但職場上的成功哪怕是一定程度上的成功，也要求人們必須具有先天的才能加後天的再造。

有抱負的男孩渴望出名，自然而言就會朝著職場努力。而他自負、愚蠢的父母卻沒有爲他及時叫停。的確，商人很少成為出色的政客。而有些政客卻靠做生意起家。但必須記住一點，那就是渴望政治上成功卻不會交際的人，成功的機率不到萬分之一。有若干因素導致了商人無法在政界成功：首先，商人無法適應政治環境，倘若他能適應，那他就不會成為商人了；其次，商人因已習慣於賺錢，而忘記了充分行使自己的公民權利。

文明的發展需要更多的商人來領導。高層次的生意人會認識到對高級人才的需求。當職業道德滲入到商業中，生意行為就提高了一個層次，從而更加接近文明的要求。

男大學生們埋頭讀書，卻沒有實際應用的能力，他們都認為既然自己有才幹，就應該找到好職位，可是卻忘了問自己是否真能勝任此職，也忘記了求職的人往往是供過於求。

教育程度高低和在工作中的表現並不成正比。男孩自己想做什麼，是否等於說他就應該做什麼？倘若他真能成功，還在接受基礎教育階段，男孩身上就會顯露出某種特質，讓身邊的師長、朋友相信他一定會在這方面成功的。

多數人在正式從事某職業之前，就已顯露出在此方面的才華。有著天賦的他，充滿信心和決心，小問題、小障礙根本難不倒他。

要想判斷出男孩到底適合做哪一行，的確很難。但等男孩滿十六歲以後，決定他進入職場還是做生意，就很容易了。

幫助他做決定的最好辦法就是順其自然。不過這需要家長密切關注男孩，否則很可能會因誤解而做出錯誤的判斷。

有時男孩對某事的渴望，可能並不是出自天性的本身。不能強迫男孩進入職場或經商，應該讓他客觀清楚地看到兩者的利與弊；並要弄清楚，他下這樣的決定，到底是經過深思熟慮，還是一時的衝動。

父母不能根據自己的意願進行判斷，即使有再豐富的閱歷，也不足以用來決定什麼是對男孩最有利的。

父母可以有選擇性地提供合理的建議。

不過大多數男孩卻不具有過人的能力，因此想成功非常困難。他們很可能不會從自己的角度考慮問題，而是採取隨波逐流的態度。

若男孩的一個朋友立志要當一名律師，那麼男孩就會認定法律是他的特長。若男孩最要好的朋友想從商，那麼他又會改變主意想當商人了。男孩的老師和父母肩負著重大的責任，因爲他們在某種程度上，影響著男孩對前途的抉擇。

對於男孩到底適合做什麼，父母需要謹愼考慮，不能把自己的理想強加給孩子。

若男孩的能力很強，那就讓他自己做決定；但若男孩並無特殊優勢或喜好，則要對他施與關心，為他提供中肯的指導和建議，就算不能幫他成功，但也不至於眼看著他失敗。

培養男孩時要考慮的問題，不是父母想讓他幹什麼，而是他將來可能有能力做什麼。男孩最應該做的事，是對人對己都有利的事。

第九章　雇主的利益＝自己的利益

打工中體現自身價值

成功的男孩也好，成功的男人也好，無論是上班一族還是經理、老闆，他們都在爲自己打拼。上班族如果不爲自己打拼，將永無出頭之日。我們既屬於自己，也屬於他人，而對自己要負的責任是自己的首要責任之一。上帝創造了我們，就是要我們爲自己負責，爲自己的所作所爲負責。

一個人如果對自己都不負責，那他就更別指望別人對自己負責了。自己的事情都管理不好的人，也管理不好別人的事。滿腦子只考慮自己、只對自己負責的人是自私的。眞正有責任感的人必須善待自己，同時也善待他人。

只爲自己利益考慮的人，個人價值不會很大。

為自己的利益而犧牲雇主利益的人，是不忠誠的人。

對雇主忠心的人，會將雇主的利益與自己的利益聯結起來，兩者是一種互惠合作的關係。

為他人打工等於在為自己工作；為自己打工的同時，也是在為他人工作。這就是一種忠誠的體現。男孩按時上班並不是因為被要求如此，而是因為他就應該如此。

基於對人對己的責任，他在人前人後都是一樣的忠誠、老實。

成功的男孩無論薪水高低都會恪盡職守。無論何時何地，他都會誠實地面對。自己對自己的雇主不講誠信的人，是不會對自己講誠信的。他在為雇主努力工作的同時，也是在為自己奮鬥。他有自尊，也珍惜自己的權利，但他絕不會吹毛求疵，也不會挑戰商業規則。因為是為自己而努力，所以男孩在不影響健康的情況下，願意加班，努力向雇主證明自身的存在價值。他清楚地意識到，若是自己在雇主眼中是有價值的雇員，那麼在自己眼中也是有價值的。

從來不為自己而奮鬥的男孩，在雇主眼中一無是處，毫無價值可言，這樣的男孩總是在挑剔、抱怨、從不負責任，做事拈輕怕重，其結果註定是一事無成。

人們做任何事情，都應該兼顧到個人利益與他人利益，做生意是如此，做其他事情也是如此。慈善家出錢出力，在付出之後，他會得到更多的回報，其價值遠遠超出他所付出的。

第十章　為自己打拼

我的事業我做主

工作的人不是在為自己工作，就是效力於他人。成千上萬為自己「打工」的人賺的錢，還不如普通上班族賺的錢多。反之亦然。不過，給自己打工的人的前景應該更加光明些。事實上，所有的富商都是在為自己打工。

靠薪水謀生的好處是不必太過焦慮，也不必承擔太大的責任。

賺薪水的人只要工作有保靠，健康不受影響，就會年復一年地做下去，且擁有安全感。

給自己打工的人，收入不穩定，賺的多少要視生意好壞而定，但前景光明，他每天都有好多工作要做，每天都感到很充實。

多數最開始「打工」的人，都是先為別人「打工」，然後賺了錢再為自己工作。

給別人打工很容易，但給自己打工就不那麼悠閒了。如果沒有勇氣承擔責任，也不會處理問題，生來就是個拿薪水的人，那麼他最好一直幹下去，別輕易轉行。這樣的人若給自己打工，很可能會失敗，隨時面臨風險。

有的男孩能力強，精力旺盛，有抱負，積極進取，做事專注，鍥而不捨，當累積了經驗，機會來臨時，就應該有單打獨鬥的打算。這類男孩很難滿足於一份簡單的薪水，職位再高也不能令他滿意。他樂於發號施令，不是成爲經理，就是成爲老闆。

賺薪水的人，能不能成爲財政方面的專家是個未知數，但成功的獨立經營者，必須是個出色的財政專家。沒有理財的能力就不具備單打獨鬥的條件。

自己單打獨鬥需要有一定的資金進行周轉，沒有資本就創業，變得愈來愈難。

缺少資金和缺乏做生意的能力一樣，是前進道路上的絆腳石。即使再有能力的人，若資金短缺，也會在競爭中敗下陣來。

想單打獨鬥必須等到時機成熟，已累積了足夠的經驗和資金，或者有雄厚的財力做後盾。

拆借資金到底可不可取，這要因人而異。許多商人因受借貸所累而失敗；但也有許多人就是靠借貸起家。

借貸中存在著巨大風險。受客觀條件影響極大，且情況各異。如無把握，不要借貸。

有的年輕人有經驗、有能力、受過良好的訓練，且具生意頭腦，這樣的人面臨三個出路。一是他讓公司感到自己的重要性，公司願意給他提供一個領導職位或讓他從中獲利；二是結交某位富豪，讓其願意爲他投資；三是傳統的做法：借錢生錢。

如何借到錢與錢本身同樣重要。貸方至關重要，實際上就是生意搭檔。如果貸方是個吝嗇鬼，那他會是個難纏的角色；如果貸方實力不足，又很可能從他那裡借不來足夠的錢。

除非年輕人已確定自己不具備當老闆的才能，否則每個年輕人都應該有單飛的夢想。當時機來臨時，他要能向所有人證明自己已具有單飛的能力。

成千上萬的年輕人本可以單打獨鬥，但卻坐失良機。還有一些人失敗了，是因爲在時機未成熟時，過早地單打獨鬥。

聰明才智發揮到了極致就是成功。他若適合單打獨鬥，那就再好不過了；他若對自己不太確定，別人也對他的管理能力表示質疑，那他最好不要單打獨鬥。

成功的巔峰並不擁擠，但通往巔峰的道路卻崎嶇不平、障礙重重，路上遍布的不是淘汰下來的人的屍骨，就是失敗的野心和沒有得到的貪婪。

你做好準備了嗎？如果做好準備了，那就出發吧！如果準備尚未完成，那就再等一等，讓自己完全成長起來。

等待並不意味著無休止的耽擱。做好了準備，就出發吧！

第十一章　雇主與雇員

能聽令於人，也能施令於人

領導者的能力要強於被領導者。群龍無首就如同烏合之衆。古往今來，缺乏領導的軍隊一見到敵人就會潰不成軍。

做生意也需要有領導者。成功的領導者不是雜亂無章的驅使者，而是按章法辦事的人，他的指令既不強硬也不粗魯。

在工作期間，若基層職員無視領導的權威性，那麼工作就會做得雜亂無章，毫無效益可言。在生意營運過程中，領導者把受僱者看作是大衆中的一分子，是很必要的。

從商業觀點來看，僱傭者應當優秀於受僱者，兩者地位不同。前者是操縱者，後者則是被操縱者。

優秀的雇員不會排斥章程的約束，也不會偏激地對待合理的要求。

不論在日常生活中，雇主與雇員的地位誰高誰低，在工作中，雇主是絕對的領導者，雇員必須尊重雇主的決定與安排。

從不聽命於人的人，也無法讓別人聽命於他。領導者大多是從一般的員工中脫穎而出的人。

不聽從指揮的年輕人無法指揮他人。受不了約束的人是無法有升職的機會的。總是對辦公室的規章制度指指點點、說三道四的人，只能永遠留在原位。不願接受合理校規的男生，上班後可能也會反抗單位的規章制度的束縛，這樣的人若無法體認服從也是一種基本要求，是永遠也不可能成功的。

在工作期間，雇員必須服從管理，否則就飯碗不保，只要雇主還在這個職位上，他就有權利得到雇員的尊重。依照常理，雇主往往比雇員優秀，雇員要服從領導，不然就辭職不幹。若雇員在工作中總是心不甘、情不願，與雇主對抗，那麼他的工作表現是不會好的。不能正視自身身分的雇員，不會得到別人的尊重。

成功從不光顧散漫的人。無論是在家、在學校還是在工作單位，約束與服從是管理中的兩大要素，是男孩要學習的首要功課。

第十二章　爲人父母之道

長者的睿智+朋友的關係=成功的父母

因爲父母比孩子年長許多，也因爲他們閱歷豐富，所以父母自然而然地被授以重任，負責教育培養自己的子女。

也許是出於對孩子的好意，人類發展的規律，賦予了父母可以隨意支配的特殊權利。除此之外，父母只服從政府法律和社會的規章制度。

可悲的是社會中的確有些父母——其數量可能與估計有所出入——既不能管好自己也不能管好孩子，對管理什麼事都不在行。就目前的文明程度而言，我們對那些不負責的父母還無計可施，也不能阻止他們去行使自己的權利。

當然不能讓沒有自我約束力的父母去管理子女。

社會口碑不好的父母也不太可能受到子女的尊重，也無權受到尊重。對於這樣的家長，孩子可能會服從他們的命令，但絕不會尊重他們。

父母與子女對對方都負有責任，但父母應負有更多的責任，因爲他們年紀大，社會經驗多。

有的壞孩子出身於好的家庭，也有的好孩子是出身於壞的家庭；但多數情況下，壞孩子都是出身於壞的家庭，好孩子出身於好的家庭。

孩子受家庭影響很深。家庭好則孩子好，反之亦然。

相對於子女對父母的責任而言，父母對子女負有更大的責任，這一規律是一成不變的。

明智的父母很少武斷地濫用權力，他們不想這樣做，也從不這麼做。他們給孩子建議和關愛，激發孩子的興趣，與孩子交朋友，這麼做對雙方都有利。孩子在家裡與父母是平等的，他的權利受到了尊重；家教也有了貫徹，但這是透過平等、友善的手段得以實現的。

管教男孩是透過關愛與合作得以實現的。

愈是明智的父母，愈願意參考他人的意見，從不武斷地進行主觀臆斷，會善用大家的經驗和聰明才智教導、培養孩子。

從不聽取他人的經驗教訓、不分青紅皀白、濫用權力的家長是愚蠢的，甚至可以說他們是在犯罪，有時會爲天理所不容。獨斷專行的作風，在家庭教育中是行不通的。

明智的家長是值得提倡的，他們在乎自己肩負的責任，既不自負也不頑固，在教育子女時會充分聽取他人的意見和建議。

人們認爲是正確的東西，沒有經過正確的論證，就不是正確的；人們認爲是錯誤的東西，沒有經過明智的鑑別就不是錯誤的。孩子並不是父母的奴隸，而是他們的朋友。他們在外面見多識廣，回到家中可以對孩子進行適度的教育。這樣的父母是最稱職的，他們有知識、有判斷力、有辨別力、還有經驗。這些父母幫助孩子提高素質，促進下一代的茁壯成長。

如果家長可以輔導孩子的功課，他們就可以成爲男孩學習的夥伴，並且爲孩子提供良好的家庭教育，這對於孩子來說是非常有益的。

學校再好也不是學生教育的全部；而無論多麼完美的家庭也都只是孩子教育的一部分。無論父母稱職與否，都只是孩子成長過程中的導師之一，但他們對孩子產生的影響卻是非常大的。父母必須深刻地意識到這種責任，除非萬不得已，否則不必動用法律賦予的父母權力，只需因材施教，關愛和關心孩子，對他們予以指導即可。

男孩們會誤入歧途嗎？

父母要善於發現問題以及問題的根源，且不斷地去發現問題。不能拘泥於片面，要全面捕捉到孩子身上的每一個細節。

家長培訓機構應該和音樂培訓機構或是一些其他機構一樣多。

有許多家長獲得的經驗教訓，都是在教育孩子失敗後總結得來的。好多家長都是在孩子受到委屈後才明白該如何教育孩子。隨著文明的發展和進步，家長對這一過失應當予以彌補，並且應找機會瞭解自己的職責到底是什麼。

除了母親俱樂部以外，還應設有父親俱樂部。

在孩子出生之前以及之後，父母應當懂得孩子的培養之道。

一個人不懂得如何養育孩子，又不願意學習或是不打算學習如何去培養孩子的話，那麼這個人就不應該結婚或打算結婚。

不斷地有人提出新的教育方法。各種學校或教育機構也如雨後春筍般大量出現。這些學校教授的內容包羅萬象，教家長如何做個稱職的父母。

一個人想要學習什麼別的知識很容易就能做到，無論是否有這個必要；不過，現在迫在眉睫的，是大規模推廣普及對父母的培訓。

如何去建構家庭並且維持這個家庭，比如何繪畫、歌唱、閱讀和書寫經典之作，都更加重要。

在宣導大衆化、時尚化、文雅的消遣以及爲我們輝煌的過去引以爲傲的時候，國家的領導人都不可忘記了人性的重要性。

系統化、有經驗的家庭教育，對於文明來說是很重要的。

只有最稱職的家長，才能培養出最優秀的男孩。

男孩的第一個學校就是他們的家庭，並且家庭學校像其他學校和教育機構一樣重要。

如果「國家強盛的基礎在於每個家庭」，那麼人們就應該學會如何照顧好自己的家庭；政府就應該認眞地守護力量的泉源。

父母的無能、愚蠢、懶惰以及冷漠，就是導致孩子失敗的罪魁禍首。

父母和孩子一樣需要培訓。

那些自己都沒有進步的人，無論他們是否貴爲父母，都無權去教育別人。

爲了孩子著想，父母在教育孩子之前，先審視一下自己，在要求孩子該如何去做之前，自己應先做到。

在教導別人之前，先學會教人之道。

第十三章　安土重遷還是遠走他鄉

安土重遷更安全

警世名言中有這麼一句：「留在原地，哪也不要去。」可是冒險能帶來改變。對待警世名言應有鑑別地去分析、判斷。

很多孩子遠走他鄉去發展事業，可能會非常成功；而還有些孩子卻安土重遷，不去參與陌生的、殘酷的競爭，反而更加成功。

男孩應該守家待地還是遠走他鄉呢？對於這個問題並沒有一個很確切的答案。男孩想要遠離家鄉開始自己的事業嗎？如果他們願意並能提出充分的理由，那麼他們在陌生的環境中成功的可能性就會更大。但是百分之九十想離開家鄉的男孩都沒有一個明確的目的。他們常常迷失在城市的燈紅酒綠中，並且認爲業務繁忙的地方一定有很多機會。他們在認知不明的情況下，就輕易做出了判斷，並沒有意識到業務繁忙的地方，競爭也同樣很激烈，並且常常有更多的申請者在競爭那些職位，出現了供大於求的局面。

能力顯著的男孩，需要在大一點的地方來發展自己。如果他的家鄉又小又落後，他必須離開家鄉進入到廣闊的天地裡施展拳腳。

如果頭腦靈活的孩子生活在規模較大且發展很好的鄉村地區，孩子在決定離開家鄉奔向大都市之前，需要認眞地考慮。

相較大都市而言，一個進步的鄉村小鎭會給男孩提供更好的發展機會。都市裡充溢著太多的求職者，所有的職位都有成群結隊的人在排隊等候應徵。除非那個工作的薪水實在是少得可憐，否則在城市中求職，要比在農村求職，難度高出兩倍到十二倍。

在大都市裡，金錢往往要比人本身的素質更加重要；在小地方，人的素質和金錢一樣重要。城市中最優秀的律師可能比鄉村裡最優秀的律師更加出色，但是即使兩人能力相當，鄉村中最好的律師名聲會更大一些。在城市裡人們只看重實力或財富。鄉村中最優秀的人在離家最近的城鎭工作，往往比當地百分之九十九的居民都出名。

都市生活壓力很大，只有少數人可以承受住壓力並且能夠爬到社會最頂層。鄉村的優勢在於人能更加容易地實現自己的目標並能夠更加容易地維持下去。

如果在鄉村擁有相同的機會，孩子選擇在家鄉發展是很明智的，並且他們可以充分利用他們熟悉的資源，使他們的能力發揮到極致。有太多的孩子放棄了家鄉良好的前景而選擇遠離家鄉到陌生的環境中尋求更好的開始。相較都市裡的職位，鄉村裡的職位有更大的把握性和持久性。

家鄉的條件如何呢？在家鄉尋找機會，別急著放棄家鄉。如果家鄉實在不適合男孩的發展，那麼這個男孩必須要離開。但是如果鄉村是進步的，並且還有進步的空間，在把條件逐一與城市進行對比之前，男孩最好不要離開。城市的確可以給予你更多，但是也會有更多的競爭對手。

一個人不應當懼怕競爭，但是也不要追求競爭。對手常常使我們變得更加強大，但是當我們可以順利發展的時候，也沒有必要非要製造困難來激勵自己前進。生活是很艱難的，成功的獲得也是異常艱難的。這些艱難險阻足以構成促進人前進的動力。

如果鄉村的孩子能夠在鄉下找到一些值得做的事情，他最好還是留在鄉下。城市只是一個人發揮自己能力或履行必要職責的地方。在鄉下獲得的成功，比百分之九十九點九的在城市裡獲得的成功還要好，因為他擁有更多的朋友，這種成功更貼近自然，更容易得到認可，也更實際。

都市所能提供的鄉村所不具備的機會其實非常少，那麼鄉村所能提供給男孩的機會也就相對更多。

對於一個缺少鄉下生活經驗的都市男孩來說，他們是否應該放棄都市裡的機遇，而來到鄉下開始自己的事業呢？如果他想且能說出理由，那就去吧！他們在都市裡積攢下的經驗，能被快速地應用到鄉村的生活中，這會使他們比在城市裡更快地取得成功。雖然成就不大，但他們的成功看起來更加長久和令人滿足。如果都市裡的男孩要去鄉下的想法非一時衝動，且能夠說出自己所選擇的原因，最好讓他們去。如果都市裡長大的孩子渴望生活在都市裡，並且一旦離開擁擠的街道就會很不自在，那麼他們待在鄉下將會非常難過。都市可能就是最適合他們工作的地方。

個性強、能力出眾的男孩，在任何地方都會成功。在發達的鄉鎮可能更容易把自己的能力發揮到極致。

男孩們的喜好和本身的能力，可以決定他們該在什麼地方開始自己的事業。

都市長大的孩子在鄉村可能有些發展機會，而鄉下的孩子如果離開鄉村到那些陌生的大都市去的話，可能會有更多的機會。

鄉下的孩子總是低估自己家鄉的機遇而高估城市的優勢，而都市裡的孩子很少注意到鄉下的優勢。

或許最好的建議是：

哪裡有公平的機會，就留在哪裡；如果哪裡缺少機會，就離開哪裡；要知道你渴望去什麼地方；人往往有好多方面連自己都意識不到。

無論是從鄉村到城市還是從城市到鄉村，都是一個極大的跳躍，因爲都是進入了陌生的環境中。

一個人在一個地方居住久了，自然而然就會熟悉身邊的環境，如果有機會，最好是妥善加以利用。

天才往往在任何領域都可以成功。如果一個領域不適合他，那麼他會開拓出一片適合自己的領域。

普通的孩子大多要受到環境的影響。

徹底的改變是有風險的。

如果一個人沒有十足的把握，最好不要離開自己的家鄉，留在原地，直到他找到一個更好的地方和一個更好的機會。適合別人的地方並不一定適合自己。

男孩必須適應環境，而不能讓環境適應男孩。

因爲當一個孩子在陌生的環境中獲得成功，並不意味著別的孩子同樣可以成功。讓孩子在家鄉盡最大可能去奮鬥，如果無法達到目標，那麼他就應該考慮換一個新的環境。

在沒有十足的把握的時候，他最好留在原地，不要輕易地改變自己的環境。如果選擇離開是明智的，那就不應該有任何異議。時機成熟的時候，他的父母，朋友都會覺得他的離開是對的。

「我的家鄉是首選，其次才是其他的地方」是一句永恆的眞理。男孩首先選擇家鄉，同時也給予了自己一個機會。如果有希望，還是在家鄉尋找成功之道；等在家鄉小有成就了，再到其他地方去發展。

第十四章　金錢的角色

誰是誰的奴隸？

很久很久以前，有一個人這樣解釋了《聖經》中的一段話：「你要盡力去賺錢。」這句話世世代代流傳下來，鼓勵人們去爭取頗受質疑的成功，也阻礙了道德的發展。

現在善於思考的、樂觀的人，希望人們從過去一點點進化到不涉及金錢的文明狀態，到那時就不再是毫無感情的金錢交易了。

《聖經》中所提到的罪，除了亞當和其他幾個少數人的墮落外，都是直接或間接地由對金錢的狂熱引起的。法院可以提供有力的證據說明金錢是罪惡的驅使者，或者說金錢是現代犯罪最本質的根源。

爲了金錢，人們不惜毀掉自己的健康或出賣自己的靈魂。因爲金錢，父子反目成仇；因爲金錢，人們變得庸俗不堪。有了金錢做靠山，有權勢的人成爲了政府的領導人、生意場上的操縱者，甚至可以左右別人的死活。

只要有點頭腦的人就相信，在人類的進化軌跡上，眞理永遠是勝利者。並且人類和上帝最終會建立起正義的、公平的、公正的以及仁愛的世界。只有等到眞善美得到了伸張，邪惡完全滅絕，這一理想才能得以實現。金錢帶來的罪惡，必須受到上帝和人們的審判和懲罰。但是今天，或者在未來的好多年裡，無論錢是好是壞，都將是生活中一個必要的因素，因而被認爲是生活和工作中的一部分。在文明進一步發展之前，一切還會依舊進行下去，金錢依然是交換媒介。

很多人用金錢的多少來衡量成功。沒有人會否認，目前金錢仍是現代成功的一個重要組成部分。

事實上，幾乎沒有哪個成功人士是一貧如洗的，也幾乎沒有哪位偉人是富可敵國的，因爲眞正的偉人並不會把大量時間都花費在斂財上，並且如果他眞的很富有的話，他也會合理地加以利用，不會讓金錢成爲自己的累贅。

當一個人擁有了各種能力的時候，大致來說，這個人就擁有了足夠的賺錢能力，並使自己過著高品質的生活。幾乎每一個相當有成就的人都會獲得足夠的收入，沒有那個有能力的人會無法維持自己的溫飽。

當財神回報那些精明強悍的人時，通常都是很慷慨大方的，即使不是可口的食物，也會是最起碼的維持人生存的麵包。

不管採取何種手段發跡，那些富得只剩下錢的人，都不能算是成功的。過於富有的人往往沒有眞正的朋友。有人會效仿或奉承他，但卻不會愛他、尊敬他。他所謂的那些朋友，都只不過是在巴結他、奉迎他，想借他的錢，騙他的錢；也有的只是生意上的合作者，他們隨時準備著在和他聯手掠奪他人財富的同時，也去掠奪他的財富。一旦這個富人死去，沒有人會爲他傷心，報紙只會寥寥幾筆提及他的死亡，可能還未來得及下葬，就已經被人們遺忘。他的黨羽會對於他的死表示很難過，因爲他們無法繼續利用他。他的合夥人也更加放心，因爲他的死減少了對自己的威脅。親人的悲傷只不過是幾滴清淚罷了。這種人代表著一種級別較低的成功，得不到尊重，也不能長久立足於世上。

級別較高的成功人士，無論是賺錢還是在其他的事情上，一定是些有所成就的人，他們關心的是自己和其他人共同的利益。這個人是富有的，不管他到底有多少張鈔票。他是富有的，無論他是一個鞋匠還是鐵路局長；他是富有的，無論他是一個專業人士還是一個傳教士；他是富有的，因爲他正在透過自己的努力，逐步將自己的能力發揮到極致。

除了錢，什麼都沒有的人，是金錢的奴隸。他只會賺錢、管錢、花錢、毫無個性。他是一個只會賺錢的機器，渾身散發著銅臭，是最低級的成功者。他在某種程度上是取得了成功，但只要稍微思考一下，就會爲之感到臉紅。除非攢錢是爲了做某事或知道如何加以利用，否則累積金錢就像囤積土地而不加以利用一樣，是愚蠢的，不可取的。

任何事物的價值都在於如何被妥善利用。一本上了鎖的《聖經》，像一個未經開採的鐵礦一樣，沒有任何價值可言。

一個人若在一定範圍內獲得金錢、持有金錢並且使用金錢，讓金錢始終爲他一個人服務，這就是一種可恥的成功，是一種對社會的威脅，是高尚和公正面前的罪人。這樣的人費盡心機，只是爲了滿足自己的私慾。他既不會受到別人的愛戴，也不會受到別人的尊重；沒有人會喜歡他，但有人會憎恨他；他在這個世界裡沒有朋友，得不到別人的憐憫，他是失敗的。

成功的人，無論是否富有，都會努力做很多事，既爲別人也爲自己；他會盡可能地讓別人和自己更加幸福；他並不看重金錢；他所做的對人對己都有利。這個人無論是否富有，無論是律師還是鐵匠，無論是銀行家還是木匠，無論是千名工人的領導者還是一名普通工人，他都是成功的。這樣的人擁有許多朋友，他們愛他不是因爲他的金錢；他們尊重他不是因爲他銀行裡的存款；他的朋友們會在生活中與他同舟共濟，並且會在他的墳前留下傷心的眼淚。在他自己的領域內，他會盡自己的最大努力。世界將永遠不會遺忘他，並且當他離開的時候，他曾經停留的地方將會因他的離去而變得黯然失色。他是億萬成功者中的一個，由於他幫助了別人，別人也會幫助他。這個人不是失敗者，他註定是一個成功者。他活著的時候行善積德，在死後善行也不會大打折扣。他在世時所播種下的種子，必定會獲得永恆的收穫。

第十五章　勿以事小而不爲

萬事皆重要

因爲有些偉人會忽略小事，並且似乎覺得小事不會對事情的結果產生任何影響，所以許多不願思考的人，甚至很多會思考的人，都拒絕承認小事的重要性，並不予理睬。

的確，當大多數偉大的發明家，科學家，發現者，學者以及天才，在一方面有所長，在另一方面必有所短。偉大的人只是在某一方面有所特長，多數的知名學者往往在某一領域裡是權威，而在其他領域裡知之甚少。

天才所犯的過錯和愚蠢的行爲，常常成爲人們茶餘飯後的話題。新行星的發現者在數學領域很擅長，卻可能在暴風雪的天氣裡不戴帽子、不穿外套就出門；會說十幾種方言的語言學家，可能會發現自己看不懂雜貨店裡的帳單。

偉大的人常常也是很愚蠢的人。偉大的人的愚蠢不會使他們很偉大，但是他的偉大可能使他們有時候很愚蠢。

商業和智力的標準是有限的。人可以擁有很多，甚至多於自己所能達到的程度。如果他對於一件事情知道得很多，那麼他必然對另一件事情知道得很少。同樣，偉大的人會在頭上戴著眼鏡而去尋找眼鏡，會忘記扣上自己的皮帶，會用雪橇鏟煤，用煤剷除雪，但是他們不會忽略工作上的每一個細節。他們的心思放在哪裡，他們的注意力就會集中在什麼地方，沒有什麼是小事，無論大小，每一件事情都是重要的。如果他是一個數學家，他會同等重視小數點左右兩邊的數據；如果他將最貴重的化學品和最廉價的化學品混合在一起，他對這兩種藥品會同樣小心。他可能會忘記在冬天穿外套，或者在夏天忘了把外套脫下來，但是他卻能記得把適當型號的軟木塞放到合適的容器上來裝試驗用的混合物。他可能會在雨天帶手杖而在晴天帶雨傘，但是他的望遠鏡卻絕不會被淋濕。他可能變成落湯雞而渾然不知，但卻會用身體去保護他的儀器。

掌握大事情就是掌握小事情。對於他來說，事情沒有大小之分，任何事情都是大事。他可能在某一個領域裡面很成功，只要是這個領域裡的東西，他都能記住；而在其他的領域裡，他在某種程度上來說，和白癡沒有什麼區別。把他知道的東西放到天平的一端，而把他不知道的東西放在另一端。如果放知道的東西那一端下沉，那麼他就是成功的；反之，則說明他失敗了。

透過關注細節，對最小的條目進行仔細分析，對每個細節仔細審查，才能構成事業上的成功。一個粗心的男人或男孩是不會獲得成功的。成功者從來不會忽略小事。要想成功，就要不斷地關注和留意小事。一個人可以去從事他不擅長的事情，只要他不會忽略他所從事的工作裡的小細節，就算是一種成功。忽視小事會使我們的生活變得不那麼完整。

第十六章　成功切忌朝三暮四

不要這山望著那山高

沒有更好的理由就不要輕易離開，是一條通往成功的準則。朝三暮四的人永遠都不會成功，只會獲得短暫的利益。他們只能夠勉強餬口，居無定所，不受人尊敬，過著起伏不定的日子。

如果一個人的家鄉是落後的，那麼選擇留下來必然是不明智的。執意停留在一個毫無所獲的地方是不會成功的。有判斷力才能找到出路。多數人失敗都是因爲朝三暮四，經常改變心意。

一個天才的失敗，幾乎總是歸因於不能堅持到底。天才開始是正確的，並且會在工作中做短暫的堅持，但是他們常常不能堅持做到最後，因爲工作有頭無尾，所以毫無價値可言。

永恆是大自然的定律，也是成就事業的偉大定律。它適用於人類生活的每一個層面。

當然，通常來說，除了特殊的原因，一個男孩最好完成每個階段的教育，牢牢掌握所有的知識，然後再進入到一個更高學府或不同的院系去學習。教育上的變化就像搬家或換工作一樣，影響是深刻的，代價也是巨大的。有時候，一個聰明的男孩會跳過一個年級，直接畢業或直接升兩個年級，但這並不是沒有完成學業。如果他可以比別的孩子花費更少的時間來完成學業，很好，只要不會給他帶來任何身心上的傷害就行。

嘗試了一個又一個的學校，換了一種又一種的學習方式，那是在浪費時間、浪費精力也是在浪費自己的前途。如果男孩克服了他朝三暮四的缺點，他就不必付出如此昂貴的代價了。

這一原則也同樣適用於事業。男孩不斷地變換自己的工作，將有可能永遠都無法取得成功。

如果男孩起步就錯了，且對此很肯定，那麼他必須要改變；只要有充分的證據能證明當前的職位不適合男孩的發展就行。如果男孩渴望跳槽只是一時的衝動，或者僅僅是因爲暫時的不滿，那就不值得考慮了。

有些人，甚至有一半以上的男孩子在開始工作的時候，都對工作不滿，覺得工作的性質或工作的環境不適合自己。對業務不熟悉，他們把責任歸咎於業務的種類和他們的職位，卻意識不到什麼工作都是一樣的難做，其他職位的工作也同樣不是很令人滿意的。

按常理來說，男孩在他工作起步的地方，會有更多的機會取得成功。自身的價值會逐年遞增，在變動工作之前必須要經過三思。當他們逐漸成熟，變得經驗豐富的時候，他們可能會覺得憑自己的能力和經驗，值得更好的工作和待遇，這才是平等的；儘管如此，還是不如留在原地，因爲那裡的機會還要多於其他的地方。除非自己和自己能力很強的父母，及有判斷力的朋友一致認爲應該變動工作，否則男孩最好留在原處，不要輕舉妄動。

第十七章　充分利用零散時間

任何時候都能有所收穫

成功的男孩和有潛力成功的男孩，在很大程度上或在某種程度上，都會注意到利用零散的時間。

很多人都是透過適當利用零散時間，一步步走向成功的。

無論一個人在公司或學校多麼忙碌，都會有些許的零散時間。若沒有加以利用，就會白白浪費掉。

沒有人會一直處於學習或工作狀態，或者處於玩樂狀態的。

在學業和事業上取得成功，取決於合理分配工作、娛樂和休息的時間。

對於任何時間或東西都不應浪費。

成功的男孩常常忙於學習，忙於工作，忙於娛樂，忙於休息。他所有空閒的時間都是忙碌的。他無時無刻享受著。每一時刻都有著特殊的意義。他分秒必爭，不是在做某事，就是在為做某事而準備。

休息不等於虛度光陰，而娛樂與工作一樣重要。

每天都會有足夠的時間去完成每一項工作。一天對於一個成功的男人和守時的男孩來說，已經足夠了，因為他們會充分利用二十四小時裡的每一分鐘。

當他們工作的時候，他們就工作；當他們玩的時候，他們就玩，當他們休息的時候，他們就休息。每一分零散的時間，都會被加以有效地利用。

成功的人永遠都不會虛度光陰，他們不會浪費一分一秒。他們在做每一件事的時候，無論是工作、娛樂或者是休息，都會全心的投入。他們會利用所有的空閒時間去做點什麼，使空閒的時間像工作時間那樣過得有價值。

空閒的時間就是放鬆的時間，是行動完全自由的時間。它完全屬於一個人自己。它不受任何責任的束縛。在這期間，人們可以工作也可以娛樂，可以利用它做更多的事。

當領薪階層或學生在完成某些任務的時候，他們在工作時間並不是自己的主人；但是值得慶幸的是，閒散的時間是他們自己的，他們可以自由支配。如果他們發自內心地、適當地並且不斷地利用時間，而且從不浪費，他們一定會有所成就，而沒有適當地利用閒散時間的人，是不可能做到的。

零散時間對於成功人士來說，是收穫的時間。

第十八章　成功的基石——誠信

誠信不會使人受到損失

誠信是成功的第一準則。誠信對於永恆的成功而言，是首要前提條件。誠信是建立和維護任何事業榮譽不可缺少的條件。

如果撒謊者沒有被戳穿，謊言就奏效了；但是謊言總是被戳穿的。相較之下，很少會有精明的人或者偉大的人，會用不誠實的方式取得成功，並且這些人往往是因爲太有能力而不屑偷奸耍滑。

不誠實的人在事業上也許會獲得短暫的利益，但是他們卻很少能夠長久發展，也不會獲得最終的成功。的確有好多公司在公司成立的初期，採用了一些不誠信的做法，並且這一明顯的成功現象，也更加使人相信誠信不是取得成功的必然因素；但是從任何負責任的立場來說，不以誠實爲基礎的事業，根本不能算是成功。

金錢是可以透過虛假的手段而獲得的。嚴格的誠信和正直，常常都不是財富累積的必然因素；但是只獲得金錢不能算是成功，並且透過虛假的手段去獲取金錢的男人，既不尊重自己，也不會受到別人的尊重。他的生活很奢華；他以名譽和靈魂爲代價，換來了眼前的物質享受，但這不是眞正的享受。

誠信是成功的一個基本因素。任何有辱誠信的人，都會受到誠信的懲罰。回到二十五年以前，記錄下來生意興隆的店家。再回到今天，再一次觀察店家。那些坑蒙拐騙的不法店舖的招牌幾乎都不見了，那些不法商販靠這些手段快速起家，但最後是蒙羞辭世。誠信的店舖依然屹立不倒。看看那些不講誠信的公司，看看他們是如何一個接一個地沒落下去。靠不法手段可能獲利更快，但靠誠信賺來的錢要遠遠多於前者。

誠信或許不是斂財的最好方法，斂財者不憑良心辦事；但同時也獲得不了成功，撈到了大把的鈔票。他把自己看得太過廉價。爲了得到自己花不完的金錢，他拋棄了一個作好人的重要因素—名譽，他覺得自己是在享受生活，實際上他並不快樂。他是一個失敗者，一個可憐的失敗者。他沒有朋友，沒有家庭溫情，找不到自身的價值，且令人厭惡。男孩們，如果你們想像他一樣，那麼你們將犧牲眞善美以及無量的前途，然後你會從你的辭典裡將誠信刪去，用了無生氣的金錢去取代你所擁有的有價值的東西；如果你們這樣做了，在今生今世，或者在來生來世，你將會受到嚴厲的懲罰，你將永遠不會幸福；良知逐漸消失；一輩子都裝腔作勢地活著；永遠都不會由衷地感到滿意；你將孑然一身，孤單地死去，無親無故。

純粹的賺錢和誠信是矛盾的。取得金錢上的成功不需要誠信，但是虛假的作爲，永遠也不會取得永恆的成功。小偷可以偷到金錢，但他不是成功的；賭徒可以獲得贏利，但他也不是成功的，即使那錢是他自己贏來的也不行。眞正的成功是講誠信的。

男人的性格是在他孩童時期產生，在青年時期形成的。一個重名譽的男孩，長大後就成了一個重名譽的男人。一個在學校作弊並且和自己的夥伴撒謊的男孩，很可能會成爲一個不誠實的男人，而最終成爲一個失敗者，這與他是否富有無關。

兒童身上的小毛病，會在他長大以後成爲嚴重的惡習。相對於讓一個成年人改掉不誠實的習慣，讓一個孩子改掉不誠實的習慣會更加容易。

學校和家庭僅用一點點的時間和精力去教男孩們要做誠信、正直的人。在課堂上背誦、作弊或考試作弊，就是男孩開始墮落的第一步。工作上的虛假手段和學校裡作弊行爲沒有什麼不同。男孩從學校步入社會，也並沒有什麼本質上的改變。

在教授誠信和正直的時候，不需要任何的虛假方式。權宜之計也是一種虛假方式。許多父母和老師都知道不誠實的做法常常會快速獲得金錢上的成功，因此會告訴學生不誠實永遠都得不到回報，即使有也是暫時。男孩帶著這種信念進入到社會中，發現不誠實是可以得到回報的，不誠實的做法看起來是成功的，他開始懷疑之前所學到的是假的，並且也開始學著虛與委蛇。

告訴孩子眞相，他遲早都會意識到這點。而早發現要好於晚發現。讓他們利用誠實的彩筆繪製生活的藍圖。讓他們看到不誠實的結果和誠實的獎勵。坦白地告訴他們，不誠實會帶給他們什麼，而誠實又會帶給他們什麼。讓誠信圍繞著他，在他想清楚以後，讓他睁大眼睛自己選擇。明辨是非的男孩，相較那些看事情片面的孩子，會更加堅決地抵制邪惡。

不誠信的人，只要有一點點良知就不會快樂。當然如果他一點良知都沒有，也就不能算作一個人了。他只能受著虛假的刺激，享受虛假的快樂。無論他是否富有，他都是失敗的。不誠信的人看起來似乎很快樂。作爲一個畜生，而不是人的話，他可以沉醉在金錢的滿足感中，但是他的人性的一面是不會幸福的。誠實正直的人無論是否有物質上的收穫，常常會有所回報。男孩們，你們正處在人格發展的起始期，面臨著選擇。你可以選擇誠信和正直，因爲這可以給予你永遠的幸福；也可以選擇虛假和不正直，那麼你的人生將永遠都不能享受到自然的快樂，並且，這種虛假的快樂不會持久。爲了文明的進步，爲了自己幸福，男孩們，請做個講誠信的人吧；如果你之前不是一個誠實的人，就從現在開始講誠信。讓正直成爲你今後人生道路上的啓蒙。現在你是一個男孩，將來你會成爲一個男子漢。就在今天，你塑造了你的品格，明天將在今天的基礎上持續發展。

誠信會給予你快樂，會給予你成功所需要的每一種元素。虛假會給予你假相，讓你看起來更加富有，但是虛假的本質，無論它是否會帶給人一座金山或是聲譽之碑，都像小水坑那樣淺顯，既沒有長度，又沒有寬度，也沒有足夠的深度來度過乾旱的季節。

虛假永遠沒有回報。

第十九章 自尊與自負

揚長避短

自尊和自負總是相伴而行。自負的人很少缺少自尊。絕對有自尊而不自負的人是沒有的。沒有自尊的自負，沒有任何價値而且很危險，但是適當地自負是成功的一個因素。

相對而言，很少有人能準確地評價自己。謙虛的男人或男孩常常過於自卑；而自負的人常常認爲他自己在某一個方面要比實際更加優秀，但在另一個方面卻缺少自信。絕對保持中庸的人根本不存在。如果他確實存在，他的中庸會阻礙他的前進。相對而言，很少有人會遇到比自己還要尊重自己的人。世界會像一個人審視自己那樣去審視你，並且給予你客觀的評價。

在謙虛的人中，有百分之五十的人並不是眞的謙虛。他們當中大多數人只是不想成爲別人的話柄而已。眞正謙虛的人常常是過於內向，而缺少自尊或自負且沒有霸道的性格。他們不會高估自己的能力，也不會給予自己應得的權利。

謙虛是一種美德，適當的謙虛是一種非凡的品質；自尊的人，雖然有一點點自負，但是與過度謙虛的人相比，更可能取得成功。

自負的本身會阻礙人取得成功。

沒有一個自負的人能勝過他人，他永遠都是一個失敗者，當然他自我感覺是強過他人的。

自尊是獲得成功的一個很重要的因素。即使自尊中包含著一定程度的自負，也不會失去它原有的作用。

自信和自負常常是密切相關的。

能力，經驗和忠誠，是造就成功的三大基石。下一塊基石就是自信或自尊，這可以讓一個人充分發揮自己的才能。

如果不是過度自負的話，自負可以喚醒自尊，並且使自尊發揮出更大的作用。

有自尊的男孩子無論是否自負，都必然會成功。

過於謙虛的男孩，天生就很內向，長大亦是如此。若不及時予以糾正，很可能會成爲失敗者。自負，並不讓人討厭。但絕對的自負就很危險了。自負可能是自尊的一種外在表現，是自然能力的一種流露。

不應當再鼓勵自負的男孩繼續自負下去；但是少量的自負是不會構成太大負面影響的。如果要是嘗試強行將這種自負從一個孩子身上剝離開，結果往往是弊大於利。

幾乎沒有人不自負。也許沒有自負就不能成功。無論如何，他總是伴隨著成功。

據說不自負而有能力的人，根本不存在。

沒有傷害性的自負以及自尊，肯定比百分百的謙虛更有益。

沒有自負的自尊會凌駕於自負之上，是無價之寶；但是純粹的自尊又不存在，或者似乎不存在，而且自負是成功不可缺少的因素，明智的做法就是調節自負，與自尊適度結合，這對自尊也有好處。這會比消除自負的同時，也消除了自尊的做法，明智得多。

缺點常常會伴隨優點，並且對於我們的優點是有利的。

如果我們不能夠擺脫自負，那就讓我們控制自負，有效地加以利用。

自負本身是個麻煩，但不等於說它不能被加以妥善的利用。

如果你沒有辦法拋棄自負，那就在以自尊為主的前提下，盡其所用。

第二十章　堅持就是勝利

莫要輕言放棄

連續是一種力量，而間斷則是一種失敗。宇宙的創立者並不是在星期一建立世界，在星期二不做任何事情，也沒有在星期三創造萬物，在星期四休息，更沒有在星期五再次開始，在星期六睡覺。他每天都在創造東西。他只會在他結束生命的那天停止一切。

自然的力量在於它力量的持續。

運動的原則是永恆。

永遠流淌的小溪也可以養出大魚。

這個月溪流乾涸，下個月洪水暴發。這樣的溪流流量不正常，只是一個洩水管，沒有太大的利用價值。

一個人在星期一餵了馬，星期二什麼也不餵，星期三馬就會變得很虛弱，星期四就可能會是一匹死馬了。

一個男孩星期一去上學，星期二蹺課，並且希望透過星期三的學習，想要彌補星期二的課程，這是不利於進步的。

這個世界是勤勞者的天下，懶人是無法蒙混過關的。有的人違背了成功法則，但是看起來卻似乎是成功了，這正好比有的人跳下了大橋卻仍舊活著。一個人違背了成功法則卻獲利了，因此他的個案成了人們爭相模仿的榜樣。這種邏輯脆弱得不堪一擊。一氣呵成，比時斷時續的效果要好。有的人學業和事業時斷時續，但他卻仍然很成功；有的人對學業採取敷衍態度；但明智的人絕不會這麼做。不連貫是失敗的一個重要原因。假設一個人滔滔不絕地說了半個小時，然後在一句話說到一半的時候停下了，一個星期之後，他又開始接著那句沒說完的話，繼續他的演講。結果無論前半部分的演講多麼的精彩，這仍是一個失敗的演講。

成功的人一旦開始做一件有意義的事，就會一直堅持做下去。

成功的男孩，即便在年齡很小的時候，也會在一種連續的狀態下學習和玩耍，他會想辦法堅持把某事做下去。他的喜好很明顯。當然，當他還是一個孩子的時候，他處在一種未發育成熟的狀態，但是他的良好行爲習慣，已爲將來的發展打下了堅實的基礎。

能堅持將事情做到底，不半途而廢，對成功大有益處，否則不是徹底失敗，就是即使成功也會有缺憾。沒有了這種持續性，勢必會導致失敗或不完整的成功。

第二十一章 專心致志才能成功

要專注做好一件事情

成功的力量在於一心一意致力於一件事。專一的好處就在於它本身強大的影響力。兩個法力相當的神同時發力，其效果不如讓一個神單獨傾力而出。一次只應做一件事，因為時間和空間不允許。

做事業也好，做其他的事也好，只有專注於一點，才能盡顯其重要性和影響力。認為自己無所不能的人，能騙得了自己，但騙不了別人。任何人做事時，一心二用的效果，都不如一心一意地好。在一本好的小說或一部好的戲劇裡面，永遠只能有一個主角。無論是在功勞簿上還是在戰場上，英雄只有一個。日光再強，燈光再亮，若兩者同時照明，光線也未必會亮到哪去。

釘釘子時，捶打釘子的側面次數再多，也不能將釘子釘入物體中；釘釘子只需捶打釘帽即可，且一個錘子就夠了。

來福槍的子彈能射中靶心；散射的子彈命中率未必高。想射得精準，無論用什麼槍，也只能是一槍打一發子彈。

同理，生活中樣樣知曉但無一精通的人，未必就能成功。最成功的人是那種樣樣在行，但有一樣最精通的人。成功的買家會知曉一定的銷售策略；而成功的賣家也會知道一些購買心理。但是最好的買家對購買更在行；而最好的賣家則對銷售更在行。對任何事都提不起興趣、沒有明顯偏好的孩子，成功的可能性很小。

成功的人都會精通某些特殊的事情，但也不會因此而忽視普通的事物。例如：即使是眼科專家也得通曉外科手術的基本原理。否則根本無法實施眼科手術。不懂基本經商之道的人，做什麼生意也不會成功；反過來說，只懂基本經商之道卻無專長的人，也不能成功。

的確，有些了不起的金融家似乎做什麼都能獲利，他們似乎是全能的。但是，仔細研究一下他們的生活，最終會發現，他們的成功是源於他們在某一個領域超群的能力，以及他們對基本商業規則的把握。

想當專家的男孩，如果不學好各門基礎課程，是無法在某個領域裡獨占鰲頭的。地理學家再了不起，如果不通曉其他方面的知識，也無法把地球的構造形象地描繪出來。

無論男孩將來想做什麼，都不能忽視他的基礎教育。他需要接受最基本的教育，瞭解常識，這樣他才可以把自己的注意力和能力，聚焦在他的選擇上。

第二十二章 建立正確的金錢觀

今日的積蓄，就是明日的資本

奢侈浪費是事業成功的天敵，做哪行都怕鋪張浪費。奢侈和成功不能共存。揮霍者既沒有意識到自己的浪費又沒有收穫的能力。他永遠都不成功。吝嗇並不是節約。守財奴的行爲也不等於是節儉。守財奴和揮霍無度的人一樣惡劣，都是傻瓜。眞正的節約是合理地管理我們的財產，兼顧自己和他人的利益。

吝嗇的男孩只考慮自己的利益，從不爲他人著想，他對賺錢有種特殊的狂熱。他可能會發筆小財，但最終除了當個了無生氣的守財奴外，他將是個徹頭徹尾的失敗者。

慷慨的男孩或許不會弄到很多鈔票，但是他的慷慨不會使他成爲失敗者。

過於慷慨的人，太爲他人考慮卻很少爲自己著想，這種慷慨不值得提倡；但是由於這種情況非常少見，所以在這裡就不做討論了。

男孩應該明白什麼才是金錢的價值、意義、用處及危害，這樣他才能清楚什麼是好的，什麼是不好的。他應該研究金錢、分析金錢，如同做他每天必做的其他事一樣。他應當學會如何正確對待金錢，使他發揮最大的價值。生活離不開金錢，男孩還在上學時就應該接觸它。我認爲，關於金錢及其使用的知識，應該是正規教育的一部分。

就像我們濫用了很多其他東西那樣，金錢的消費觀在很大程度上被誤導，因爲沒有人從獲利和節儉的角度，來教導我們該如何處理它。

忽視一件事情，就會導致對它的使用不當。

瞭解某事物，才能知道該如何利用它。

人們揮霍的秉性是從小養成的。

如果一個男孩沒有學會如何花錢，他很可能做什麼都賺不到錢。

商業的成功依賴於適當的累積和對收入及資本的有效利用。

無論現在還是在未來，金錢都有著自己的價值。因此，賺錢有兩方面的價值，必須從現在和將來兩處著眼，予以考慮。

成功地獲得金錢，或在其他任何事情上取得成功，都必須要求妥善處理物質財富。

所有證據顯示，不懂節儉的人根本無法發財致富。

金錢是透過積少成多的辦法獲得的。

要想獲利就得節省。

浪費的科學家不珍惜實驗設備，很少會獲得頂級的成功。

歌手不注重保護自己的嗓子，就會失去他動聽的歌喉。

節約是文明最重要的原則之一。

對金錢以及其他財產的節約，就成功而言，是完全必要的。

浪費自己能量的人很快就會成爲一個廢人。

浪費是一切進步勢力的天敵。

適當的節約，對於任何成功的取得，都是非常必要的。

如果沒有節制、沒有計劃地使用資源，那麼世界將會很快進入資源枯竭狀態。

大自然是慷慨無私的典範，它蓄積能源，再源源不斷地提供給人類使用。如果大自然也揮霍無度，那麼人類將無法在世上存活。

無論金錢還是其他方面的物資，都應予以節約使用，這對整個人類的發展和文明的進步，都是很必要的。

吝嗇是節約和進步的天敵。

節約的價值在於它是爲將來的需要而提前進行的準備；但在急需某物時卻存著不給，那就不是節約了，而是吝嗇，是一種犯罪，是文明的天敵。

他在夏天就儲存動物的草料，以備在冬天使用。他儲存部分食物，不是爲了儲存而儲存，而是爲了以備不時之需。在本能的驅使下，他成了一個眞正節儉的人。

除非一個人運氣好，突來一筆飛來橫財，否則不知道有系統、有計劃地儲存自己的收入的人，絕對不會生活充裕的。

男孩愈早節約，積攢金錢、儲存能量、保存實力，他們就會愈快取得有收益的結果。攢錢是最重要的，其次就是如何管理好手中攢下的錢。

冒險的計畫和被誇大的機會到處都是，誘惑著人們。他們承諾的收益比正常的投資收益要高出二倍到十二倍。

在孩子開始手中有錢的那一刻起，就應該立刻爲自己建立一個儲蓄銀行帳戶。

儲蓄銀行是一個文明發展的產物；是我們保護自己財產的一個有力的機構。

孩子手中的第一筆錢就是原始的資本，他們會盡可能地讓它像滾雪球一樣不斷變大。

相較於沒有計劃的存錢，每月積攢一點是非常可取的。

孩子應當把手中每一分剩餘的錢都積攢起來。

如果孩子迫切想要某種東西，他需要仔細地考慮，是否值得爲這個東西而花掉手中的積蓄。

儲蓄銀行帳戶的開設，說明我們理財已經成功一半了。

在銀行裡有存款的孩子，存款的數額再小，也算是個小資本家了，而且是經濟有所保障的人。

積蓄是値得依靠的保障，它像軍火庫裡的彈藥一樣，常常被安全地保存起來，準備隨時使用。

奢侈浪費是大多數商人失敗的原因。

適當地節約是收穫的開始。

有計劃地節約是成功一個重要的因素。

節約者若是站在安全的岩石上；浪費者則處在危險的沙地上。

節約，孩子，節約！適當、理智地節約；但不要吝嗇，不要小氣。要有主見，該花的花；不該花的就攢起來。要節約；無論價値大小，該省的就省下來。無論你的父母是窮是富都要節儉；要有主見地去花錢；要有計劃地積攢。千萬要節約！

第二十三章　天生我才必有用

同情他，幫助他，讓他成為一個有價值的人

有某些孩子——希望只是少數——很顯然是一無是處的。他們似乎沒有崇高的理想，思想空洞，沒有任何特別的能力，他們懶惰，冷漠又粗心大意並且可能還有某些壞習慣。這些孩子被視爲失敗者，無一可取之處。他們有成功的可能，但也有可能無法取得任何進步。要趁孩子小的時候及早喚醒他們，激發出他們的潛能，否則等到他們長大了，就眞的成爲庸才一個了。他們開始顯得一無是處，並且可能會平庸一生，除了能勉強餬口，別無其他的技能。那些天生本質壞且無能的孩子，不會努力改正自己的錯誤，而且有可能鋃鐺入獄。如果他天生本質不錯，具有常人的優點，一直遵紀守法，也許只能勉強維持生計。他很可能會成爲親屬的負擔，頂多也就算是個凡夫俗子。他像劣質的馬，除了拉車，沒有任何用途。如果

嘗試將有價值的人和沒有價值的人分離開來，那是既浪費時間又浪費精力的，甚至更糟，因爲對於被淘汰的人來說是很殘忍的。如果一個人連能力都沒有，那就更不要說他精通什麼了。

注意到了嗎？我在用「一無是處」來形容智力低下的人。每個人都有自身的價值，都會有所專長，這裡所謂的「一無是處」其實是指他擅長的技能太少，需要在他人的指導下來完成。

適合這類人的職位要有一定的規則限定他們，並且對他們要一視同仁，要讓他們充分挖掘自己的能力但要量力而爲。如果他們身體條件好，可以讓他們去參加海軍或陸軍。在工作中，需要有人爲他們做好大致的框架，然後讓他們去做框架裡詳細的內容，而且他們可以利用有限的智力爲別人提供稱心的服務。

這類的人不適合結婚，且他們沒有權利擁有自己的家庭。從生理的狀況來說，他們是充滿未知能量的發動機。他可以做體力活，但並不適合做管理工作。作爲一個運轉正常的機器零件，他是合格的。在陸軍，海軍和其他類似的領域裡，作爲一個賣力氣的幫手，他可以更好地爲國家效命。試圖打破他的能力底線的父母，會對他造成很大的傷害。

孩子眞的是一無是處嗎？這樣的懷疑，事實上可能是不成立的，並且需要時間來驗證它，因爲外表看起來無能的孩子，實際上卻並非如此。

那些低估孩子的父母和老師，應當仔細觀察孩子，並且透過各種試驗努力喚醒他們。他們應當反覆地試驗，試著幫助他們擺脫這種無能的狀態。如果這些嘗試失敗了，孩子們仍然很冷漠且懶惰，那麼就讓他們去從事體力勞動，讓他們接受基本的教育，並且在別人的管理下工作。

第二十四章　不要偏離正軌

穩定是基礎

在我年輕的時候，我曾參加過一次軍訓。我永遠都忘不了當時的情景。我還記得那令人振奮的口令，就像是在塵土飛揚的路上走過，迎面吹來一股涼爽的小風一樣：「立定！槍放下！原地休息！」

只要還在佇列裡，人們就可以做自己想做的事。他可以和旁邊的人交談；他可以笑；他可以飲食；他可以坐著或站著；他可以打呵欠或伸懶腰（如果他願意），但是他必須使自己的一隻腳一直留在佇列上，這樣當集合命令響起的時候，他身體的一部分還在原位，並且可以迅速讓整個身體歸回原位。

大家都應遵守軍規。每一個成功的人都是嚴格地遵守紀律、服從命令的人。讓人們高舉手臂，凝視天空的雲朵，仰望著藍天去規劃自己的事業。這樣做對於他們來說是大有好處的。沒有人在地球上可以長久地使雙腳同時離開地面；但是可以允許他們把一隻腳放在某處，只要另一隻腳還踏在地上就足夠了。

如果他願意的話，他可以張開雙臂，也可以再抬起一條腿，但至少要讓一個部分留在原位，這樣他會在聽到集合口令時，迅速回到自己崗位上，保持原狀。

第二十五章　成功不能靠等運氣

如果你擁有運氣，利用它；如果沒有，不要等待它

運氣，能力和機遇一樣，均有利於收穫。失敗的人常說自己很不走運，怪自己運氣不好，卻不想想，是不是自己能力不夠或是因爲自己缺乏毅力。

成功的人很少會相信運氣，他相信的是實力，認爲所有的一切，都是靠自己的努力換來的。

兩種觀點都是錯誤的。叫做「運氣」的東西，應該換個更好聽的叫法，它能幫助人們走好運。

運氣到底是什麼，沒有人知道，也沒人能控制得了它。不知它從何處來，也不知它到何處去，就像彗星一樣一閃即逝。

不管運氣到底是什麼，人都不能把希望寄託於運氣。

等待運氣的人幾乎沒有走運的。

船隻永遠也不會靠岸去接那些在碼頭上遊手好閒的人。

孩子，不要指望運氣會幫你。你無法操縱運氣，運氣絕不會助人成材，因爲它時斷時續，不能長久，也不穩定。無論它是什麼，都不會聽從你的命令。不要期待它的出現，確切地說，不要依賴它。

運氣既不公平也不公正；但是如果長時間地關注運氣，並把它透過統計表的形式表現出來，你會發現運氣並不是偶然的。它常常會拜訪那些在乎它的人。

許多人從來沒有得到過運氣，這是因爲運氣拜訪他們的時候，他們睡著了。

運氣不會強加於某個人。它來拜訪某人，如果受到歡迎，它就來到他的身邊，它並不在乎受到的待遇如何。

如果運氣沒有幫助你，那就積極努力地去面對生活。

如果運氣能幫你，那就積極地去利用它。

凡事只需要盡自己最大的努力就可以了。

如果你已盡力，沒有運氣幫忙，你也能應付得了；如果你已盡力，運氣突然來臨的時候，你會好上加好。

悲嘆自己走霉運不會帶來好運。

詛咒運氣並不會使運氣成為你的好朋友。

羡慕其他人的運氣，也不會把運氣帶給你。

請準備好在沒有運氣的情況下，好好生活，並在運氣來臨時好好利用它。

寄希望於運氣本身，就是一種失敗；等待運氣會使男人失去男子漢的氣概，使男孩成為懦夫。

當你沒有運氣的時候，你做得很好；擁有運氣時可以做得更好。但是想等待它、依賴它的人、永遠都不會得到它；所以不要總是想著運氣；而要想想自己的職責；好好考慮自己的工作。

第二十六章 注重儀表

外表得體，氣質也會隨之改變

我們的母親常說，美麗是膚淺的。從清教徒的觀點來看，母親是對的。我們的母親住在老式的房子裡，這就是她們的生活環境。在那時候，只有實在的東西才被認可。在母親的那個年代，披著羊皮的狼，裝得再像小羊，也常常會被識破。事實就是事實，謊言就是謊言。那時的競爭比現在要光明磊落，要純淨得多。仿眞科學和贋品的現代藝術，在那時根本無法蒙混過關。

我們現在討論的是目前的狀況。外在的就是外在的，內在的就是內在的。因爲外在的東西顯露在外，人們先看到的往往是人的外在。大多數的人，無論正確與否，都會從外在的表面來判斷一個人內在的東西。在取得成功的過程中，外觀會產生一定的影響。內在的價値還需要有一個好的外表來裝飾。食物就是食物，但食物的消化吸收還和食物的外觀有關。若食物看著就能引起食慾，再被裝在精美的餐具裡，那吃它的時候一定消化得很好。同樣的食物，同樣的營養成分，但外觀做得不好看，餐具也是普普通通，那吃起來的感覺肯定不如前者，正所謂「美味不如美器」。

不爲人知的好有什麼用？看不見、摸不著、也不爲人知。這樣的好，沒有機會展示其作用，而爲人所知的好卻可以做到。

良好的外表可以提高事物本身的價值。將一件事情做好是很重要的。良好的外表，加之精心的打理，不僅可以提高事物的價值，而且還可能成爲一種典範。

適度的自尊並不包含自負。一個人的能力被適當地表現出來，就好比適當表現出事物的內在價值，這對於成功的取得是很必要的。

外表本身並無價值。

事物本身有價值，而它的外表則可以增加事物本身的價值。男孩也好，男人也好，都無權去歪曲他人形象，更無權歪曲自己的形象。人常常會低估自己。

誠實的外表對成功來說是很重要的。不誠實的外表遲早都要誤事。

展現出你最好的一面，但不要過分修飾。因爲你乾淨，所以看起來乾淨。撣去衣服的塵土，擦亮你的皮鞋；梳理好你的頭髮；注意自己的臉部，手部和指甲的清潔；要看起來總是乾淨、整潔，千萬不要不修邊幅。做事要像個男子漢，外表看起來也陽剛氣十足。外表看起來像個紳士，實際上也要做個紳士。把你最好的一面展示給別人。不要有過分的表現，但也不要沒有表現。

如果你想贏得成功的話，就要做最好的自己，盡最大的努力，展現出最好的外表。

第二十七章　健康是成功之本

符合自然規律才健康

健康既可以與生俱來，又可以後天獲得。大自然沒有把疾病和不健康列入考慮範圍之內。根據自然的規律，男人生來就很健康，也許可以一生都無病無災，最後死於意外事故，不然就等到身體自然老化了，他才會因衰老而死去。

健康是成功的一個重要因素。沒有健康就無法取得完全的成功。的確，很多身體虛弱的人都已功成名就，但是倘若他們身體很健康，他們會更出名，成就也會更大。

疾病和衰弱影響了自然規律的運作，並且是對文明進步的重要妨礙。

人小的時候很健康——是的，從古至今俱是如此，且未來的健康也源於過去和今天。兒時虛弱的身體可能會伴隨一個人一生。人們若不刻意地去保持健康，天生健康的身體也會患上疾病。

遺傳是很重要的因素，大多數的孩子，生來不健康或者遺傳先天性疾病，可以透過後天的保養和照顧享受健康。沒有良好的環境，再好的遺傳也無法保證身心健康。

父母有義務給予孩子健康的體魄，同樣，父母也有義務像保持自己的健康那樣，去保持孩子的健康；孩子也有責任在他們足以自立的時候，去照顧自己，使自己保持健康。

許多孩子都違背自然規律；如果大自然不是那麼寬容和仁慈，有一半的男孩可能早早就夭折了。無論年長還是年幼，很少有人懂得如何健康地生活；而有些人即使瞭解，也很少去那麼做。

直到我們找到了靈魂的寄託並給予同樣的關注，文明才會有重大進步。如果我們打理我們的店舖、辦公室和其他的工作地點，就像我們對待自己的身心健康那樣漠不關心、粗心大意，那麼我們的生意就不會興隆。我們很在意汽車發動機——給它上油、維修保養，使其保持良好的狀態，然而我們對待我們的靈魂之窗所用的心思，還不如對機器花的心思的一半。

百分之九十的孩子在吃飯的時候速度很快，咀嚼不充分，會使他們患上慢性消化不良。

很多孩子都缺乏運動或運動不當。他們有的運動過度，有的運動不足。

同理，很多孩子沒有合理的膳食。他們的飲食結構很單一，容易造成偏食。他們吃了太多的肉，過多的糕餅以及難以消化且沒有營養的食物。年輕人經常食用的白麵包，常作爲「主食」來食用，其營養價值很低。小麥的營養物質有一半以上在加工過程中流失。全麥麵粉富含許多營養物質，並且是最適合加工麵包的小麥粉。

孩子需要食用多種食物，而不應該挑食或偏食。他們的膳食應該包含身體所需的所有營養成分。他們可以吃小麥以及其他的穀物，蔬菜、水果、牛奶、雞蛋、魚，以及適量肉類，或者不吃肉也可以。許多男孩不愛吃清淡的食物，因爲他們已吃慣了大魚大肉，還因爲這些有營養的食物做得不合胃口。

如果一個母親不擅於烹飪，不會鑑定食物品質，那麼，這個母親就是不稱職的。所有的父母都應該用心研究食物，不僅要讓他們的孩子吃得飽，還要讓他們吃得好。對餐飲學校、餐飲俱樂部和烹飪課程，應予以大力提倡。

女人不懂膳食就不能做個稱職的妻子、母親和主婦。現在還不懂的，應抓緊時間趕快去學。

每個家庭應該不只有一本烹飪的食譜，還要有一些權威易懂的食物「寶典」，每個家庭都應該有一本或者更多，並且父母雙方及負責採買、料理的人，一定要能夠理解這些「寶典」的內容。踏入飲食學校，儘管可能只是爲了追求時尚，但卻是邁出了正確的一步。應當建立更多的飲食學校傳授眞知，把食物的成分及準備工作，統統教授給學員。

食物對身體，像燃料對發動機一樣重要。然而這個世界卻給予鐵鍋和燃料更多的關注，忽略了食物的重要性。對事物的挑剔很大程度上是由於食物不合胃口。而不好的胃口常常是由食物不可口、準備不妥當和服務不周到引起的。

人們吃很多他們不該吃的東西，因爲他們應該吃的東西沒有被好好地準備。

從自然的角度說，人們不該暴飲暴食，也不該多吃難消化的食物。因爲他們吃不到自己想要的，並且不知道自己需要吃什麼，所以他們的口味變得怪異，想要一些特殊的刺激性飲料和食物。有節制的飲食和有節制的飲酒一樣重要。自然、快樂、健康和作息有規律的人，從不暴飲暴食，做其他事亦是如此。自然有節制的良好習慣，亦是從小養成的。

男孩子需要做戶外活動，並且應盡可能多地從事戶外運動。室內也應保持空氣流通。他們晚上不該在封閉的空間內睡覺，也不應該在不通風的地方學習、玩耍。

夜晚，新鮮的空氣不會傷害身體；而不新鮮的空氣對身體則是有害的。混濁的空氣可以引起感冒和疾病。

呼吸大量的新鮮空氣可以使身體更加強健。在風口處吹風容易生病，但是良好的通風卻是必要的。

洗澡是很必要的。人患感冒是因爲皮膚代謝受阻。

保持健康的皮膚會阻擋疾病的侵襲。不愛洗澡和穿得過多的男孩不會很健康。

男孩的學習負擔不應過重，學習不應該影響正常的體育鍛鍊和良好的衛生習慣。但不學習會使他們無所事事。終日嬉戲玩耍沒什麼好處。強制性地過度學習，很少會有所收穫，會使他們得不償失。孩子應該自然地生活，並且盡可能接近自然。保證食物攝取的充足，但不要過多；保證充足的睡眠，但也不要過多；並且一年四季都應該到室外去活動；夜晚要保持室內通風；他們應該按照自然的規律去生活。

父母不僅應該瞭解如何餵養孩子，還應該懂得生理衛生知識。他們不應忽視人體的生理學，並且應該知道對孩子健康有益的每一件事情。他們可以從書本上學，憑經驗辨事，也可以從他人那裡學到這樣的知識。

人沒有任何理由忽視健康。任何父母都沒有任何理由去忽視健康，因爲他們可以從圖書館以及其他的資訊管道來獲得健康的知識。

除非萬不得已，否則自己救治是不被提倡的。如果可以找到名醫就診，就不該自己治療。不對症吃藥確實是很危險的，並且幾乎不會有顯著的效果。它常常會損害孩子的健康。

如果有任何的懷疑，請打電話給醫生。

即使孩子只是偶感風寒，家長也不要予以診治。無論從哪方面來看，父母都無權醫治自己的孩子。

正確的方法是給醫生打電話，向醫生求助。

經常和醫生保持聯絡是十分有益的，因爲這樣方便醫生瞭解病人的身體狀況。通常來說，一個負責的醫生常常會因爲及時的出診，而讓患者節省很多不必要的金錢。

醫生是文明最高尚的產物。在醫生的群體中也不乏一些庸醫。我們經常會發現責任心差且專業技能不高的醫生；但是醫生作爲一個群體，代表了最高級的智慧。

在我看來，一個合格的職業醫生必須是經過實踐並且接受過專業培訓的。只有技術優異的人才，能從正規的醫學院畢業。

我個人認爲，醫生代表著人類最高尚的品德。他們是腦力勞動者、學者，同時還是實際操作者。他們願意爲了人類的健康而犧牲自己安逸的生活和財富。

不合格的醫生畢竟是少數，不會抹殺整個行業的光輝形象；醫生的水準再低，也要好於那些缺乏專業知識的父母。

醫生是會犯錯誤的；世界上沒有不犯錯誤的人；但是誤診並不會經常發生，其後果也不如外行的誤診失誤那麼嚴重。

爲了自己和孩子的安全著想，父母有責任與優秀的家庭醫生保持聯繫；並且任何人，無論身體有多健壯，都應當定期去最好的醫生那裡做身體檢查。

相對而言，保持健康要比治病省錢得多。

一個優秀的醫生常常有著豐富的經驗。他們客觀地看待這個世界，並且他們對普通的事情以及健康和疾病，都能提出可靠、明智的建議。

孩子在父母的精心照顧下，也有可能因病死亡或者患上嚴重的疾病，但是如果在患病早期，一個優秀的醫生或許可以挽救他們的生命，並且使他們健康起來。

沒有醫生的指導，不要隨便亂服藥。有療效的好產品，自然會博得業內人士的推薦。有些專利藥品都是由一些廉價的醇類，藥劑和其他的藥品配置而成；即使這些藥品是無害的，它們也不會有任何醫藥價值。

不管藥品是好是壞，隨便亂吃藥是很危險的，應予以堅決制止。

當孩子生病的時候，粗心的父母會自己配點藥或買點藥給孩子吃。孩子的病好了，可能是藥物有效了，也可能是天然免疫力產生作用了。隔壁的孩子病了，病症與第一個孩子相同。無知的父母會給他吃同樣的藥物，認爲藥物對前一個孩子有效，也會對別的孩子有效的。第二個孩子的病情或許與第一個孩子的病情相似，但是兩個孩子體質不同，第二個孩子可能需要另外一種藥物才能夠痊癒。一個人的靈丹妙藥可能是另一個人的毒藥。治病應對症下藥，因人而異。

只有受過教育和專業培訓的醫生，才能夠完全診斷出病因。這是醫生的工作。儘管他們有時候也會誤診，但是大多時候，他們的診斷是正確的，並且他們開出的藥方也是有效的。

藥瓶外面的標籤是沒有生命的，不能透過標籤，就判定它能治什麼病。

大約有百分之十五的房子是不適合居住的；百分之九十的房子並不是完全符合健康標準的；通風狀況良好的房子還不到百分之二十；其中乾淨整潔的房子還不到百分之五十。

有相當比例的小孩是死於父母的疏忽和無心之過的。我說得很直接，或許我不應該這樣說，但是理智的父母會贊成我的說法。

孩子有權擁有健康，這是上帝和大自然賦予的權利，誰剝奪了他的健康，誰就是小偷，是謀殺犯。

孩子應該懂得健康的法則。

學校對健康知識的宣傳，沒有給予足夠的重視。

健康課程應該成爲學校教育的一部分，應該從小到大一直學。

老師和家長應該共同教授孩子健康常識，告訴他們健康是什麼，健康的價值是什麼，這樣他們才會注意保持健康。

孩子健康，國家才能強大。

第二十八章 虛心聽取建議

互惠互利

任何建議、提議、規則和經驗都無法建立完全正確的法律。最好的意向、最豐富的經驗和最強大的判斷力也可能使孩子誤入歧途，讓他們走上不該走的道路。我們的世界充滿了不確定，世上沒有絕對確定的事。任何規則都會有例外。

孩子不清楚自己的價值所在，也無法決定自己未來的發展方向。父母、老師和其他人都不能保證自己的建議是絕對正確的。指南針也有不準的時候；但即使是指南針有偏差，它仍然是水手最安全的嚮導。因爲相對來說，可能性最大的，往往最接近正確的。

指導孩子四個重要的因素是：孩子本人，孩子的父母，孩子的老師，經驗和外界公平的判斷。心智成熟的孩子選擇未來的權利，可被看作是他們主要的權利，其前提條件是他們的選擇是合理的。

明智的家長對於自己的孩子是非常瞭解的，如果他們沒有任何偏見和好高騖遠的想法，孩子的意見是值得認眞考慮的。

老師的觀點通常是非常有益的。有時候，老師會比家長和學生本人還清楚，孩子到底適合做什麼。

在各行各業都有許多出類拔萃的人能夠提出準確的判斷和預測，並且能夠提出合理、明智且有實踐意義的建議。父母請他們測試孩子，給孩子中肯的意見。這些人的建議可能會擁有不可估量的價值，即使他們無法告訴孩子該如何去做，但是至少他們可以給予孩子和家長準確的行業資訊。他們所說的都是經驗之談，而不是書本上的理論。

建議並不需要很權威，但是有建設性的建議，可以當作事實來接受。失敗的商人和專業人士的建議不可取。有價值的建議常常源於成功者的經驗，並且這些人都曾經多多少少經歷過失敗。失敗者不適合給予建議，而且未經證實的建議最好不要採納。

建議本身似乎沒有什麼價值，有些建議的確是這樣，但是人們都是聽取合理建議後，才成功的。每個正直的人的成功心得，都是值得人們參考的。

聰明人會虛心接受有價值的建議，並會一直如此。他經常和有判斷力的人保持密切的聯繫，相互交換意見，這樣好的建議就會滾滾而來。他是自己的主宰者，因爲他們瞭解自己。對於自己知之甚少的部分，他會採取別人的資訊作爲自己的補充。他是資訊和經驗的「交易所」。他有自尊，也有自信，因此他也尊重別人的觀點。他清楚地知道靠自己一個人是無法成功的，所以他一直在向他人學習。他有自己的想法和信念，但總是與他人公開交換意見，驗證自己的觀點，所以他最終得出的結論都是幾經推敲的，具有一定的水準。

經常不加思索地採納別人建議的人是傻瓜。

而固執己見的人比傻瓜還要傻，因爲他的固執會傷害到所有的人，包括他自己在內。

一個人閉門造車成不了氣候。

群策群力才能成功。

一個人的一意孤行是很危險的。

不經衆人明智地判斷，孤立的觀點在任何地方都沒有任何價値。

給予建議和採納建議，是文明的最強大的兩大支柱，並且是進步的基本環節。

第二十九章 守時是美德

遲緩和失敗息息相關

「守時」是進步的呼喊。「遲到」是失敗的感嘆。成功的民族是守時的，成功的男孩是守時的，成功的男人也是守時的。

在生活的每一個領域，守時都是很重要的；在商業領域中，更是如此。

當你最需要某物的時候，適時出現的它最佳價值。

藝術家可以遲到，律師也可以遲到，對此人們都予以諒解。但是對於大多將要步入商業領域的男孩來說，遲到是不可容忍的行爲。沒有人願意長時間地等待，也沒有人等得起。。

守時只要做到不遲到就行。守時的習慣一旦養成了，是很容易保持的。「守時」無需任何代價，每個人都可以做到。除非遇到天災人禍，否則偶爾失約是正常的，但多數情況下還是應該守時。

守時的男孩，長大後會成爲守時的男人，並且守時的男人不會在等待中獲得成功。

第三十章　如何對待「壞習慣」

不要丟了西瓜撿芝麻

壞習慣，無論怎麼掩飾，永遠都是性格的污點，但是有些不良習慣，在這個不完美的世界中還不足以算作是壞習慣。

人應當遠離不良習慣，但擺脫不良習慣不能付出過高的代價，否則就不值得了。

誇誇奇談的男孩和口若懸河的男人一樣，可能成功，也可能失敗。說得過多固然是不好，但卻不能算作致命的缺點。許多高智商的人會談論一些不敏感的話題；許多善談者都是失敗者；許多愚蠢的人不會說話。每個人都有這樣或那樣的缺點，完美無缺的人是不存在的。如果是致命的缺點，那就會帶來大麻煩；如果是微不足道的缺點，完全可以被優點給掩蓋，那它就不會帶來傷害。

有時候為了改掉諸如信口開河之類的小缺點，往往要付出額外的代價。例如：一個人為了克服一個小缺點花費了大量心思，這樣會阻礙他的能力發展。

孩子以及成年人都應該使自己的優點多於缺點。有的男孩所學的功課，有一半以上都很優異，多數功課都比較不錯，只有個別一兩個科目學得不好，有的男孩各門功課都一般，沒有特別突出的地方；前者比後者更容易成功。有的有能力的男孩有些缺點毛病，只要不是犯罪或本質邪惡，且對身心健康沒有太大影響。就比那些全面發展卻毫無專長的孩子要好。

再微不足道的壞習慣也不利於發展。如果他們可以改掉這些壞習慣，應儘快改掉。沒有缺點無論怎樣都是值得提倡的，並且在改掉這些陋習的時候，付出的代價不會得不償失。

無論是男孩還是男人，都應該努力做些對他人和自己有益的事情，讓自己的優勢得到最大的體現。

人不可能是完美無缺的；任何人都會有些缺點，但是缺點少、優點多的人，要好於那些優缺點不明顯的人。

一個孩子的書法可能不是很出色。書法差是一個「缺點」。儘管他寫的字還看得過去，不會成為知名的書法家。如果書法不是他的事業的一部分，也找不出理由說明為什麼非得寫出一手好字，那麼培養他成為一個書法家或藝術家就是完全愚蠢的做法，付出的代價一點都不值得。寫字不好不要緊，千萬不要把寶貴的時間都用在超出能力範圍以外的事物上。培養一個人的能力是有好處的，但過度強調不擅長的方面，有百害而無一利。

凡事要全方位地來看，而不應該計較每一件事情的得失。

如果一個人的優點遠遠多於他的缺點，那麼這個人是成功的。人應該發揚優點，克服缺點。但是爲了克服自己的小缺點而耗費自己過多的精力，是不明智的。

第三十一章　成功的源泉——勇氣

在和平的勇氣中奮進

心裡承受能力差的孩子缺乏勇氣，平時總是提心吊膽，這樣他是不會成功的，充其量成為一個毫無男子氣概的書呆子，或者學些看似有用的東西。

眞正的勇氣是成功的一個重要因素。不理性的勇氣是莽夫之勇，並不屬於文明的一部分。勇氣是讓人做出正確事情的決心。如果做事付出的代價過大，那就不算是正確的事了。勇氣眞正的定義，是克服萬難去做正確的事情的意志力和努力。

職業拳擊手的勇氣不是眞正的勇氣，那是種粗暴。從道德角度來看，他是個懦夫，因為他沒有足夠的勇氣成為一個文明人。

當有機會反抗時，放棄反抗需要付出更大的勇氣，除非做出有價值的反抗。

與失敗抗爭或是不畏死亡，是種純粹的魯莽，並不是眞正的勇氣。經常尋求刺激並且受到挑釁就打架的孩子，只能算是個恃強凌弱的人，是缺乏勇氣的。他憑藉自己人高馬大，總是欺負弱小，在強大的對手面前卻不敢還手。

對自己信念堅定不移的勇氣，對成功來說是很重要的。

一個不瞭解自己、缺乏自信、做事畏首畏尾的人，除了得到一份薪水和無足輕重的工作外，不會有任何收穫。

嗜賭成性的人就是傻瓜，不會有任何好的前景。

不計後果的投機者，只能算是個賭徒、懦夫，因爲他缺乏正當地征服對手的勇氣。

理性的憂慮和對不公平的機會的不屑，和勇氣一樣重要，是獲得成功的要素。

有勇有謀才能贏得勝利。

有勇無謀是莽夫。

有謀無勇是懦夫。

勇敢的孩子積極宣導和平，但不是爲了和平而不惜一切代價，而是付出適當的代價換取和平。他們喜好和平，不喜歡衝突，也不喜歡打架，除非迫不得已或是爲正當的利益而戰。

眞正的勇氣是平靜的；它總是在需要的時候出現。在理智的驅使下，它是獲得成功最有效且最必要的武器。

勇敢，但不要魯莽。

不能委以重任的男孩只會吹牛，不敢接受任何挑戰。

有勇氣去做自己認爲是正確的事的人，才能成功。

第三十二章　和諧促進成功

和諧是拼搏的潤滑劑

和諧是取得成功的方法。

舵手和帆配合不協調，船就沒法行使。如果火不夠旺或者水量不夠足，那麼蒸汽機就無法轉動起來。

許多成功都是在和諧的狀況中獲得的。沒有和諧，力量只是力量，而和諧的力量威力無窮。

能力一般的男孩，在適合自己的崗位上工作，成功的機率更高；而能力出眾卻在不合適自己的環境裡工作的男孩，成功機率相對較低。

很多生活和工作裡的浪費現象，都源於不和諧。

孩子在適合自己的領域裡發展，能夠將成功的可能性最大化。

孩子在不適合的地方，往往因找不到適當的方法，而很難獲得成功。

很多無法使自己融入和諧環境中的孩子常常會失敗。這樣的孩子常常對什麼事情都不滿意，並且他們不滿的情緒會阻礙他們的前進。他們也無法和諧地處理任何事情。他們應該爲此負責。

有理由的不滿還情有可原。

不滿反映的是某種事實眞相。但是有相當一部分所謂的不滿是源於生性懶惰、冷漠不和諧或是其他更糟糕的事情。

懶惰的孩子與任何事情都不會協調一致的。他缺乏理想，不願意付出努力，對任何事情都缺乏興趣。

和諧往往就守候在我們的門口，只要有需要，它就會隨時進來幫助我們。

不注重細節，欠缺縝密的心思，粗心大意是導致失和的原因。

有些不滿的產生是有一定理由的。

沒有理由的不滿和不和諧，是導致失敗的主要原因。

事業的成功和日常生活，都離不開和諧。

如果孩子在工作中不順利，並且又找不出原因，那麼先別著急改變，直到有理由證明錯不在男孩，而是在於人力無法控制的客觀條件上，再採取行動。

一般說來，男孩更容易適應環境，而不是讓環境去適應男孩。

和諧是必要的，沒有和諧，很難獲得成功。

和諧能增加工作的樂趣，使工作變得輕鬆；和諧可以使人獲得更好的結果。

第三十三章　爲成功增色的禮儀

優雅之中見成功

商務禮儀是一種商業的產物。在市場交易中，得體的舉止可以給商品增值不少。說話的方式和說話的內容同等重要。

奉承是不誠實的，但是眞正的禮貌不是奉承。

不懂禮貌的人很少能夠成功。適度的禮貌會幫助男孩獲得成功。

禮貌是商業黃金法則中的一條。你怎麼對待別人，別人也會同樣的態度對待你。當你走入公司或專業機構時，你會發現，在那裡進步最大的男孩，都是那些講禮貌的孩子，而那些總是帶有不滿情緒的男孩，看起來就是在走向失敗，他們對待別人總是一副粗暴的樣子。

確實，有些學者可能會缺乏對禮貌的洞察力。他們生活中只有科學。作爲專家，他們是完全成功的，但這些人大多行爲古怪，不適合在商業領域發展自己。

在還是小孩的時候，就應該開始培養禮貌習慣，它會伴隨人一生，是成功的重要因素。講禮貌不必付任何代價，但卻可以受益良多。

第三十四章　農場的給予

農場是大自然賜予人類的禮物

萬物皆產生於大地，最終又回歸到大地上。自從有了人類，就有了農民這一職業。股市可能會關閉，但生活仍繼續著。鐵路可能會停止運行，但是民衆繼續生活著。生意可能全都終止，各行各業可能全部歇業，但是人類仍在繁衍後代，生生不息。但是當世上不再有農業勞動，人類將不復存在，因爲整個人類將因饑餓而滅絕。

農場是人類維持生存很重要的一個因素；而農民則是必不可少的。你不會從貧瘠的土地上獲得任何收穫，因爲它是貧瘠的；肥沃的土地只要合理地加以利用，就會爲你帶來巨大的收穫。

很多土地沒有良好的收成，原因是這塊土地沒有經過良好的照料。很多農民不精心耕作，而是任其自行生長。客觀條件取代農民成了主導因素。

在農場裡工作是很辛苦的，但是所有的工作做起來都不那麼容易。或許農場裡的工作做起來相較其他職業更加辛苦。任何一種工作都會有一點單調、辛苦，但是過度的辛苦乏味，就是由做工的人造成的。

農民不應被認爲是一種低級的勞動者。如果農民擁有屬於自己的農場，那麼他是在進行獨立經營，獨自經營自己的土地以及分配自己豐收的成果。相較於那些商務人士，他的工作可能更加辛苦，工作時間可能更長，但是他沒有過多的擔心、焦慮，也沒有過重的責任。他在健康的環境裡勞動。他和都市裡的工人也不相同，不必每天關在屋子裡幹活；他能夠接近自然，享受鄉村獨有的快樂。如果想要在都市裡享有相同的樂趣，那麼需要付出昂貴的代價。

農民應該是上帝所賜予的最神聖的工作。他在上帝的土地上工作，在上帝的藍天下生活，合法地收穫大自然的碩果，遠離擁擠的都市、虛假的刺激和無法躲避的誘惑。

農民這個職業應該得到應有的認可，再沒有比它更高尚的職業了。

如果人們將應用到其他事業上的精力，應用到農場的經營上，輔以同等的教育和培訓，那麼，事情將會事半功倍，農場的收益也會更好。

果。

許多對農場的看法是不正確的，因爲農場也需要人們的苦心經營，才能夠收穫豐碩的成果。

不喜歡農場的男孩，絕不會喜歡種植和收割，他也不會成爲一個稱職的農民。如果強迫他從事農場裡的勞動，那將是一個很糟糕的決定，而且是沒有任何意義的。孩子有權利不喜歡農場，他也同樣有權利不喜歡其他的工作。

許多男孩離開了農場，是因爲他們認爲農場的工作是很低級的，而且他們認爲自己可以從事更好的工作。如果他們能夠像他們的父母那樣尊重農業勞動，那麼他們很可能會成爲成功的農民。

不成功的辛苦勞作農民，只是個沒有出息的掘地人，他只有長滿雜草的園子和破舊的房屋，他不能指望孩子喜歡農場。因爲父親的失敗，孩子有充足的理由認爲經營農場不利於理想的實現，並且無法獲得高品質的生活。。

農業勞動應提升到本身應有的價值水準。

農業教育應該像其他的科學、藝術和專業那樣，得到同等的重視，而當今農業教育機構遠遠無法滿足實際的需求。

應該出版更多農業方面的書籍，把農業的眞實的一面呈現給讀者，書中不應該只有一些枯燥的統計數字，還應該有對生機盎然的土地的描述。

讓農民的孩子大量地閱讀，讀農業類的報紙，看農業方面的書籍，讓他用心鑽研，這樣不僅可以讓孩子看到農場的表面，還可以看到農場的本質。

農場未來的發展，掌握在當代孩子的手中。

農民的孩子與其將自己的命運寄託在陌生的都市裡，還不如把自己的興趣和精力投入到農場的經營中，從而得到更好的機會。農場可能不會給他帶來可觀的收入，但是如果他能夠用心經營，他可以獲得更多的滿足和舒適，而這些都是都市不能給予的。

生活在農場裡的孩子，應當對農場情有獨鍾，並且顯示出很強烈的興趣，他不應該離開農場，除非經過仔細地考慮之後，他可以提出合理的理由，說明自己更適合生活在其他的地方或從事其他的職業。

世界需要更多、更優秀的農民。對於成功的農民而言，他們和那些在陌生城市裡苦苦掙扎的人們，擁有相等的機會。農場給予人們的雖然不多，但卻是有保障的；都市許諾給人們的很多，但卻沒有保障，人們可能隨時隨地會變得一無所有。

第三十五章　運動的好處

保證身體機能正常運轉

生命在於運動，缺乏運動很可能引起疾病或最終導致死亡。從不鍛鍊，還要保持健康，是不可能的。適當地身體鍛鍊，是保證身體健康的必要條件。

人的身體就像機器引擎一樣，銹蝕的速度要快於磨損的程度。

鍛鍊對於孩子保證身體健康是完全必要的，而且室外活動要好於室內活動。

幸好，孩子們並不反對積極的鍛鍊，而且也願意鍛鍊。他們的問題不在於鍛鍊的主動性，而在於鍛鍊是否規範。

孩子們對體育鍛鍊缺乏瞭解，不是運動過度，就是運動不足，很少達到規範的標準；相對而言，父母對此也是知之甚少。

家庭和學校都應該有關於體育文化的書籍，而且應該變得像教科書一樣重要。

父母應該瞭解自己和孩子的身體狀況。如果他們不瞭解，他們就是太無知了，要為人的身體虛弱負大半的責任。

所有的父母都應該瞭解人體生理學和基本的衛生學，並且應當瞭解一定的體育文化。

關於體育文化的書籍有很多，並且醫生也會很願意去傳授這方面的知識。

過度的運動能使強壯的孩子變得虛弱，而適度的運動能使虛弱的孩子變得強壯。

做哪類運動和運動量需要多大，同樣重要。

危險的因素應當被徹底排除。

絕不應該進行有傷害性的運動。有危險性的活動，儘管很刺激也很有趣，但它是野蠻文化的遺風遺俗，是不會被老師和家長接受的，也不會被政府允許的。

人們不喜歡那些沒有趣味的運動，但也決沒有理由從事任何野蠻的運動。

在戶外從事運動是極好的選擇。大自然是進行體育運動的極好場所。

體育文化俱樂部的出現是個好現象，但俱樂部的數量不宜太多。

對體育運動的研究，像研究其他知識一樣重要。

身體的運動和思想的運動是密切相關的，而有趣的鍛鍊形式是值得提倡的。

體育運動應該是理性的，高雅的。

不加選擇地進行運動是很危險的。

良好的、享受的、合適的體育運動既沒有危險性，也不野蠻，不會傷害身體也不會影響思想的進步。

第三十六章　有作爲的孩子和聰明的孩子

聰明成就不了偉大

在聰明和偉大之間有很大的差異。偉大是永恆的，但是聰明是瞬間的本質。偉大可以成就某事；但聰明也就是偶爾有點小作爲。

早熟的孩子很少會有所成就。他只是比較聰明，經常是靈機一動，但卻不會很好地用自己的能力有所作爲。

聰明只不過是空殼炮彈。它能夠發出巨大且短暫的火光，但很快就會消散，並不會形成眞正的熱量或威力。

聰明的孩子不僅早熟，而且常常自負、莽撞且難以親近。

如果孩子身上出現了早熟的跡象，無論如何也要讓他擺脫早熟，透過正確的引導，使它變成更好的品質，幫助他將這種聰明轉化成有益的才能。

如果處理及時，早熟的孩子很容易變成意志堅強的孩子；但是如果對他的早熟不予制止，任其發展下去，這對於他獲得成功是非常不利的。孩子，不必做個聰明人，順其自然就可以；做個有用的人；要經得起時間的考驗；不要只耍一時的小聰明；要胸懷大志，精力充沛，充滿熱情。

第三十七章 人不可能勞而無獲

勞而無獲是違反自然規律的

只要是有價值、有意義的事都不會「勞而無獲」的。事實的確如此，甚至給予朋友的禮物也不是「勞而無獲」的。因爲收到禮物的人會予以回禮，向你表達謝意或回贈點小禮物，對以往的交情予以肯定。

任何事物都在不停地循環發展著，周而復始。而其優點在於事物相互關聯，給予的一方也會得到回報。這個世界是有補償的，儘管表面上看來，許多人似乎無法獲得自己應得的東西，但是從事件的結局來看，這個世界裡的任何事情都是相互連結的，付出必然會有回報，沒有付出就不會有收穫。

任何一家企業在最終許諾支付給應聘者的報酬，都不會高於他自身的價值，他們會根據員工在日後工作中的表現，給予員工相應的報酬。

剛剛步入社會的孩子，會驚奇地發現他做的事和別人一樣多，但收入卻比別人少，或者目前的收入比在原來的工作單位的收入還要少，他們對此常常感到不滿。

在開始工作後的很長一段時間，男孩一邊學一邊做，他的雇主便是他的老師。儘管他的工作像他的前輩一樣多，但是他卻無法像前輩那樣，在工作中獲得同樣的報酬。

責任需要經驗。而這些經驗正是男孩所缺少的，直到他獲得了這些經驗，才能獨立承擔起自己的工作。男孩可能做了很多工作，但是在他成功之前，他的雇主或者主管需要對他進行監督和指導，在此期間，男孩的工作價值就會被大打折扣。

責任需要經驗。在任何領域，承擔責任的能力都比工作本身更有價值。

大型遠洋貨輪的總工程師很少去視察，工作也沒有什麼具體內容，他甚至很少到機房走動，他的助手幾乎包攬了所有的工作。但是他所得到的報酬要遠遠高於忙碌的助手。總工程師得到報酬不是因爲他做了什麼，而是因爲他有能力去做，而且他的能力能夠承擔重大的責任。

男孩在開始工作後，必須不斷累積自己的經驗和知識。

在知名的機構工作，可以讓男孩獲得與價值相對應的收入。當他經驗豐富足以承擔相應責任的時候，職位的提升就是對他的能力的一種認可。

任何事業上的成功，都依賴於利益的相互關係。剛剛開始工作的男孩，不要認爲賺到的工資就是對自己工作的酬勞，他賺到的錢可能還不到實際工作價值的四分之一。他正處於學習過程中，邊學邊做，學習所得同樣是他的報酬。

第三十八章　關於成功的討論

眾家之言

以下內容是對三百一十九位傑出男士的答案和觀點的概括，他們就如何獲得成功的話題，回答了二十五個問題。以下內容簡稱「名家之諫」。

對眾多權威性的回答進行分析，分析結果以簡單的表格形式羅列出來。

在這樣的表格中，完全的準確是不可能的，除非那些只有「是」或「不是」的答案。個別輕微的誤差並不是那麼重要，並且不會影響結論的正確性和價值。

問題1

你認為成功的要素是什麼？

回答這一問題的總人數	283

如下內容將會簡短地說明答案要點，那些選擇少於五人的答案除外。要完整地閱讀答案，否則即使有下表的說明，也無法完全理解其價值和意義。

堅定不移、有耐心、不屈不撓，等等	66
專注	59
努力工作、有能力、有愛心，等等	54
勤奮	28
誠信	25
熱愛自己所從事的工作，並且適應它，等等	23
忠誠	22
身體健康	22

有崇高的理想	10
有決心	8
有精力	8
懂常識	6
有賢妻的支持	6
有貴人相助	5
良好的環境	5

「持之以恆」、「有工作能力」、「熱愛工作」、「投入」、「努力工作」、「堅定不移」、「不屈不撓」、「勤奮」、「誠信」、「適應性強」、「健康」、「良好的訓練」、「專注」、「忠誠」、「有成功的慾望」、「有理想」以及「目標明確」總共被提到三百五十九次，並且還有許多類似的理由。這些便是成功的要素；當然還有其他的因素。儘管只有二十五人認為「誠信」是成功的因素，但是這並不說明事業成功不需要「誠信」，在上述的各因素中，幾乎都包含了「誠信」的因素在裡面。例如：不誠實的人是不可能忠誠的，也不可能有責任心；誠實是堅定不移的一個因素。只有三個人提出運氣是成功的因素。

問題2

在男孩擇業時，你會建議他根據自己的喜好選擇職業嗎？

回答這一問題的總人數	312
肯定的態度	
「是的，」	162
「是的，」並予以強調。	16
相當於「是的，」、「絕對，」、「通常，」等等	37
合計	215
「是的，」有限定條件的或予以說明的	74
合計	289
否定的態度	
傾向於「不」，但並不確定	9
態度不明，既不是「是的」也不是「不」	14

除去那些「態度不明的」，剩餘人的觀點是：

允許孩子根據自己的喜好選擇職業	289
完全反對	沒有
部分反對	9

那麼，允許孩子根據自己的喜好，去為自己選擇職業，可以被認為是「成功的定律」。

問題3

依你之見，對某行業的偏好，是促使人在此行業成功的必備條件嗎？

回答這一問題的總人數	314
肯定的態度	
「是的」	56
沒有說「是的」，但意思等同於「是的」，如「完全如此」、「絕對是」等等	31
「是的，」帶有某種說明和條件。	28
持肯定態度，但沒明確說「是的」	16
合計	131
否定的態度	
「不是，」	86
持否定態度，沒說「不是」，但意思等同於「不是」	38
持否定態度，「不是」，有條件和說明，及「沒必要，但有益」、「偶爾」等等	14

傾向於否定態度，但沒明確說「不是」	42
合計	180
態度不明	3
除去那些「態度不明」，剩餘人的觀點是：	
堅信在任何領域裡，偏好對取得成功都是必要的	131
完全反對	124
部分反對	56
完全以及部分反對	180

一百三十一人認為在任何領域對工作的偏好，對取得成功都是必要的，有一百八十人不傾向於這一觀點，那麼對工作的偏好可算是成功的「必要條件」，但可以理解為「建議如此」或「對成功有益」。可以看出這一問題的結論，與問題2中的結論是不矛盾的；一個是有益的，另一個是必要的。

問題4

在明知男孩對某行業有偏愛或適合做某工作的情況下，還強迫他違背意願盡心擇業，你認為父母這麼做，是明智之舉嗎？

項目	人數
回答這一問題的總人數	311
肯定的態度	
「是的」	沒有
承認有可能是明智的	7
態度不明	7
否定態度	
「不是」	202
「不是」，強調「絕對不是」	24
相當於說「不是」	39
「不是」，有條件和解釋的	27

建議說服孩子	5
合計	297

除去那些意見「不明」的，剩餘人的觀點是：

贊同家長的做法	沒有
認為可以向孩子提出建議	7
反對	297

在孩子有自己的喜好、適合做其他某種工作的情況下，家長還強迫孩子違背自己的意願，選擇職業的做法是不明智的。這可以被看作是一條「定律」。

問題5

如果男孩生長在偏遠、貧窮的地區，發展事業的機會微乎其微，你建議他去大城市發展嗎？

項目	人數
回答這一問題的總人數	264
肯定的態度	
「是的」	66
相當於「是的」	10
傾向於「是的」、「是的，除非孩子在鄉村可以創造價值」、「如果他具備成功的素質」、「有能力的孩子可以」、「如果他不喜歡農場」、「如果孩子想去城市」、「如果孩子有理想有能力」、「如果孩子有能力開創自己的事業」、「這是唯一的成功機會」、「如果孩子既聰明又勤奮」、「通常來說，是的」、「為了取得成功，是的」、「如果他能夠勤奮工作和耐心等待，是的」、「畢業以後」等等	63
合計	139
否定的態度或有前提條件的	
「不」	5

傾向於「不」、「除非他特別出色」、「資質一般的鄉村孩子，不」、「通常來說，不」、「只為賺錢，為了得到比事業更好的東西」、「只要有機遇」、「如果個性已經形成」、「只要適合更大的領域」、「只要他起步的時候有人援助他」、「有時候可以，不是經常」、「如果他渴望獲得更大的成功」，等等……67

「首先去小城市」……16

「首先去繁榮的小鎮」……11

「去最好的地方尋求發展」，「成功與否主要還在於人本身，而不在於所處的環境」，「或許吧，但遠離城市是很明智的」，「許多男孩在家鄉會發展得更好」，「是，但不一定去大城市」，「如果城市競爭太激烈，孩子就應該去鄉村」，「在瞭解城市環境之前，別輕舉妄動」，等等……13

合計……112

態度不明……13

除了「態度不明」的，其餘的觀點使：如果男孩生長在偏僻貧窮的地區，發展立業的機會微乎其微，在不附加任何前提條件的情況下，同意鄉村的孩子到城市裡發展。……76

在有前提條件的情況下。……63

合計……139

完全反對……5

在二百六十四個人的回答中，有五個人明確表示「不」，七十六人完全贊同去大城市；六十三人認為「如果孩子聰明，又有能力、有抱負，並且希望離開，有頭腦又勤奮，不喜歡農場」等等，建議男孩離開家鄉。六十七人不贊同去大城市，並且建議孩子：如果在某些特定的情況下，再選擇到大城市去發展；十六個人建議首先到小城市去發展；十一個人建議到繁榮的小城鎮；十三個人態度不明確；十三個人建議「到有發展機會的地方去發展」等等。但並不一定是大城市。

看起來統一的意見是：如果家鄉的發展機遇不是那麼多，完全贊同男孩離開家鄉；但是這個觀點並不意味著男孩在沒有仔細研究、確定在家鄉的確沒有機會之前，就冒然去大城市。如果孩子不是絕對不喜歡農場生活的話，這個結論也不是在暗示應該離開農場。除了在西部個別地區外，多數鄉村地區都距離中心地帶和小城市很近，當地的商業中心也並不像大都市那樣擁擠，而且無論從事業起步階段還是長遠發展來看，提供的機會都比大城市要多。從人口稀少的鄉下遷至擁擠不堪的大都市是一個完全的變化，許多孩子在適應城市的生活以前，身心健康受到了嚴重的影響。

唯一的問題就是生活在人煙稀少、發展機會也少的地區的男孩，如果理由充分可以離開農場，去其他的地方尋找發展機會，但是大城市並不是孩子們的最佳去處。請看問題6的答案。

問題6

如果男孩生長在一個繁榮的小鎮或小城裡，有發展事業的機會，你建議他去大城市發展嗎？

回答這一問題的總人數……286

肯定的態度

「是的」……4

相當於「是的」……2

「是的，如果他願意」、「如果他已經做好了決定」

「暫時可以生活在大城市，但是以後要回到鄉下來」……8

合計……14

否定的態度

「不」……119

相當於「不」……20

傾向於「不」：「只有當他知道朝哪個方向走，前景更好的時候」、「在家鄉無法再有進一步發展的時候再去」、「如果家鄉有很好的機會就不要去」、「通常都不贊同」、「通常來說，不」、「除非特別合適」、「在家鄉起步」、「只在例外的情況下」、「長大了再走」、「在家鄉會更加開心」、「只要能力出衆，就可以走」，等等	105
合計	244
態度不確定的	
「視機會而定」、「哪裡需要到哪裡去」、「三思而後行」、「只要有機會，哪都一樣」、「首先在農場學習」、「順其自然」，等等	28

二百八十六位成功且有實際經驗的代表發表見解討論，生長在繁榮的小鎮或小城市裡且有發展機會的男孩是否應該去大城市發展這一問題，其中只有四人建議孩子離開家鄉到大城市去；有八人在有限定條件的前提下建議孩子這樣做；一百三十九人建議孩子待在他本來的地方，一百〇五人似乎有這種打算；二十八人態度不明確。又有一個法則被確定了下來：生活在繁榮小鎮或小城市的孩子，在家鄉擁有很好的機會的時候，比起前往城市裡尋找發展機會，留在家鄉是更加明智的選擇，除非孩子有明確的理由離開自己的家鄉。

問題7

若男孩是個農民的兒子，但他卻不喜歡務農，依你之見，他應該留在農場嗎？

回答這一問題的總人數	290
肯定的態度	
「是的」	3
傾向於「是的」、「對大多數人而言是最好的職業」、「或許男孩需要在農場磨練一下」、「農場對於男孩子來說，是個適合發展的好地方」、「小時候不喜歡，可能只是一時的頑皮」、「通常來說，是的」、「農場應在適當的指導下，變得有吸引力」，等等	19
合計	22
否定的態度	
「不」	147
相當於「不」	11
傾向於「不」、「如果真的不喜歡，不應該」、「如果從農業大學畢業後或在科技培訓後，仍不喜歡鄉村生活，那就不要留下了。」、「除非他知道自己想要做什麼」、「不要強迫他留下」、	

「通常來說，不應該」、「不應該，如果自己的職責不在那裡」、「除非他更勝任其他工作」、「如果生性懶惰，農場是不適合他的」、「除非他有能力、有理想還勤奮」、「個性已經形成，再走」、「除非在其他的地方能取得成功」、「是，除非他確定自己很討厭這種生活」、「遇到其他好機遇，再走」，等等	89
合計	247
態度不明確的	
「看機遇和能力而定」、「讓他們試著讓他喜歡它」、「不喜歡並不是一個改變的好理由」、「讓他們選擇自己的生活和履行自己的職責」，等等	17
態度不明確	4
排除「態度不明」的，其餘人的觀點是：	
如果孩子不喜歡農場，不贊成他們留在農場	158
有同樣的想法，但是卻有一些限定條件	89
如果孩子不喜歡農場，贊同讓他們留在農場	3
如果孩子不喜歡農場，傾向於將他們留在農場	19

大家幾乎一致的觀點是，如果孩子不喜歡農場，就不贊成將孩子留在農場；而在二百九十人中，只有三人除外，他們主張讓孩子留在農場。所以，這樣看來，任何父母、監護人或其他人，都不該讓不喜歡農場的孩子留在農場。

問題8

你認為誠實守信是事業成功的要素嗎？

回答這一問題的總人數……312

肯定的態度

「是的」……115

「當然」、「我是這樣想的」、「完全正確」、「非常肯定」、其他的答案也表示「是的」……99

「是的，為了取得最大的成功」、「真正地成功」、「誠實還要機智」、「做個合格的公民」、「金錢並不意味著成功」，等等……26

「是的，為了尋求永遠的成功」……18

「不僅是在賺錢的時候，做任何事都應如此」……12

否定的的態度

「不是」……7

「沒有誠信可以發財，但是誠信對於真正的成功來說，是很必要的」……3

「不僅是為了賺錢」	4
「嚴格的誠信對於做生意的成功來說不是很必要；但生意的成功不是必要的，而誠信確實是必要的」、「不是，但是誠信是最好的手段」、「不，但雇員除外」、「不是，但對於自尊來說是必要的，」「我認為不是這樣」、「不是，但是不誠信的人是不會被尊重的」、「不是，但誠信應當是準則」，等等。	20
合計	34
態度不明確的	
「小事上，是的；大事上，不常是」、「不經常」、「應該是這樣」、「難說」、「事業上的成功常常來源於不誠實」、「是的，商業範圍內的誠信」	8
除去那些「態度不明的」，其餘人的觀點是：	
認為嚴格的成功對於事業來說是有必要	214
同意，但在特殊的限定條件下	56
合計	270
認為嚴格的誠信對事業的成功沒有必要	7
好像有這樣的想法，但是有限定條件	27
合計	34

因為有這麼多人認為，嚴格的誠信對事業的成功來說是有必要的，那麼事實似乎是這樣的，不誠實的生意手段，如果不是意外的（命中註定的），對事業上的成功來說是不利的。還有少部分人認為，誠信對於事業的成功來說，不是必要的，那麼這部分人的觀點，值得進行更加深入的思考。值得注意的是，大家共同認為誠信對「成功」很必要。他們看起來似乎感覺誠信對於「事業的成功」不是很重要，那只是對於賺錢來說不是很重要；但是這些人強調的是，誠信對於任何值得做的事來說是必要的，沒有誠信的成功，不是真正的、永恆的成功或是值得為之奮鬥的成功。

問題9

你認為鍥而不捨的精神是成功的要素嗎？

回答這一問題的總人數	313
肯定的態度	
「是的」	181
相當於「是的」，「極其重要的要素」，「通常是這樣」，「明智的做法」，「99%是這樣的」，「為了取得巨大的成功」，等等	125
合計	306
否定的態度	
「不是」	1
態度不明確的或者有條件的，「成功會隨著時間的流逝而取得」，等等	6
除去「態度不明確的或者有條件的」，其餘人的觀點是：	
鍥而不捨對於成功是必要的，回答「是的」、「等同於是的」，等等	306

反對	1
態度不明確的或有限定條件的	6

三百一十三人中，三百〇六人投了贊同的票，認為鍥而不捨的精神對於成功的取得是必要的，只有一個人不贊同，還有六個人態度不明確，因此「鍥而不捨對於成功是必要的」，可以被認為是取得成功的法則。

問題10

你認為一個人只有熱愛自己工作，才能獲得事業上的成功嗎？

回答這一問題的總人數	314
肯定的態度	
「是的」	126
相當於「是的」	18
「在最大的意義上（為了最大的成功）」	26
「百分之九十九是這樣的」、「是的，通常來說是」	19
「必須熱愛自己的工作，或者學著去熱愛它」	11
「是的，或者意識到它的有效性，」「值得的」	4
合計	204
否定的態度	
「不是」	20

「不是，除非是有益的事業。」、「不是，只要適應他即可」、「除非勤奮且有才華」，等等	4
合計	24
有限定條件的	
「不必要」	25
「不是，但是成功可能性會更大，更容易或更好」	16
「不一定，」、「不是，但對於孩子來說，他必須熱愛自己的工作才能成功，」、「是重要的，但不是必要的，」、「他可以把他最喜歡的做到最好，」、「如果不是特別熱愛但是感興趣，也可以成功」、「成功可能性會更大」、「在一定程度上是」、「有益於成功」、「如果盡職，不一定非得熱愛」，等等	45
合計	86
一致的觀點	
完全贊同，一個人必須熱愛自己的工作，才會取得成功。	126
與之相同的觀點	18
傾向於肯定態度	60
「不是必要條件」、「但是成功的可能性會更大，更容易或更好」，等等	41
有條件地	45

合計	290
一個人不熱愛自己的工作也會取得成功	20
傾向於否定態度	4
合計	24

二百〇四人贊同或大致贊同一個人熱愛自己的工作才可以取得成功；只有二十人反對；二十五人認為「不必要」；六十一人在特定條件下贊同；看來一個人必須熱愛自己的工作或者應該喜歡自己的工作，才可以取得成功，並且如果不熱愛自己的工作，想實現最大程度上的成功是不可能的。

問題11

依你之見，能力和經驗，哪個對成功更有幫助、更重要？

回答這一問題的總人數	289
能力	
「能力」	105
相當於「能力」	29
「有能力，經驗也有益」、「通常是能力」	9
「能力很快會獲得經驗」	11
「都重要，能力更重要」	9
合計	163
經驗和能力都重要	
「兩者都重要」	9
相當於「兩者都重要」	50

「初期是能力重要，後期是經驗重要」	1
合計	60
經驗	
「經驗」	30
相當於「經驗」	4
「兩者都重要，經驗更重要」，等等。	15
「經驗可以促進能力的形成」	8
合計	57
態度不明確的或模稜兩可的	9
除去「態度不明確的」、「模稜兩可的」，以及「兩者都重要」，其餘人的觀點是：	
完全贊成「能力」	105
類似的觀點	29
傾向於贊同「能力」	29
合計	163

完全贊同「經驗」	30
類似的觀點	27
合計	57

一百六十三人贊同能力比經驗更加重要，五十七人認為經驗更加重要，從中可以明顯看出，能力更加重要。大多數人贊同能力，但並不意味著經驗就不重要。問題問的就是兩者比較，哪個相對更重要些，多數人認為「能力」相比，經驗更加重要，但並不是低估經驗的重要性。毫無疑問，兩者都重要，並且成功依賴於兩者的相輔相成。下一個問題的答，案就與這個問題有關。

問題12

你認為只有能力，沒有經驗的人，會成功嗎？

回答這一問題的人數	294
肯定的態度	
「是的」	60
「是的，有能力很快會獲得經驗」	33
相當於「是的」	9
「是的」，並附加了解釋	25
「是的，儘管經驗也很重要」，等等。	24
合計	151
否定的態度	
「不」	37
相當於「不」	5

「不常見」、「很少」、「難說」，等等。	17
「成功伴隨經驗而來」，等等。	11
合計	70
「兩者都重要」	23
「能成功，但不會很大」	13
「偶爾」、「有時候」，等等	16
「必須有經驗」，等等	21
合計	73

觀點如下：

有能力而沒有經驗，能取得成功	151
持相反的意見	70
兩者都重要	23
能成功，但不會很大	13
偶爾，等等	37

可以看出，有能力但沒有經驗，可以取得成功；但是兩者對於取得完全性地成功來說，是很必要的。有能力自然會累積經驗，然後在取得成功的過程中，經驗會成為能力的合作者，與之相輔相成。然而大多數人的觀點認為，兩者獨立來看，單一的能力要比單一的經驗更加重要，經驗對能力有補充作用；也就是，說注意能力的培養和提高。顯然，沒有能力的經驗，只能做出一般的成績。

問題13

如果孩子想經商，你會建議他去上大學嗎？

回答這一問題的總人數	300
肯定的態度	
「是的」	87
相當於「是的」	25
「是的，如果可能，如果他有時間，金錢」，等等。	53
「如果他能夠適應」	13
「如果他願意且喜歡學習」	12
「如果他有能力」、「是的，通常來說是這樣」、「學院或技術學校」，等等。	33
合計	223
否定的態度	
「不」	38

相當於「不」	5
「不一定非得這樣做」並且「沒必要」	10
「商務課程」或者「高中就足夠了」	6
合計	59
模稜兩可	
態度不明確	7
「除非在他畢業後，有人能夠幫助他」、「獲得了良好教育」	11
合計	18
除去那些「模稜兩可」其餘人的觀點是：	
絕對贊同想經商的男孩去上大學	112
基本贊同	111
完全反對	43
部分反對	16

三百人中，有二百二十三人建議孩子去上大學，五十九人反對，看起來建議孩子上大學是無可爭議的，除非有充分的理由予以反對。對於必要性的問題不需要討論；要考慮的是應該建議他去上大學還是不應該。大學課程對於經商來說，不是非有不可，但很顯然的是，人們還是建議他去上大學。

問題14

如果孩子想從事技工行業，你會建議他去上大學嗎？

回答	人數
回答這一問題的總人數	294
肯定的態度	
「是的」	50
相當於「是的」	22
「是的」、「如果可能」、「如果他有時間」、「如果他有金錢」，等等	69
合計	141
否定的態度	
「不」	80
相當於「不」	6
「通常來說，不」、「沒必要」，等等。	24
「科技學校」（而不是大學）	38

合計	148
態度不明確的	5

除去「態度不明確的」，其餘人的觀點是：

贊成想學技術的男孩去上大學	141
反對的	148

反對的人多於贊同的人。然而很多人都贊同想要從事技工行業的孩子應該接受高等教育。而在持否定態度的人群中，三十八人贊同孩子去技術學校學習，而非高等院校，並且完全反對的人並不是反對大學教育本身。在問題十五中，大家幾乎意見一致地贊同技術院校。因此，大家比較能接受的觀點就是建議那些想學技工的男孩去上大學，最好是技術院校。

問題15

如果男孩想從事技工行業，你會建議他去技工學校學習嗎？

回答這一問題的總人數	305
肯定的態度	
「是的」	186
相當於「是的」	45
「通常來說，是的」、「如果他有能力」，等等。	58
合計	289
否定的態度	
「不」	8
傾向於否定態度	2
合計	10
「有時候」	3

不確定地	3
合計	6

除去那些「不確定地」，其餘人的觀點是：

如果孩子想要從事技術行業，同意他去技工學校學習	289
反對	10
部分贊同或不確定	6

觀點幾乎一致地認為，對於那些想要從事技術行業的孩子來說，應該去技職學校學習。

問題16

如果男孩想從事某專業，你會建議他去上大學嗎？	
回答這一問題的總人數	309
肯定的態度	
「是的」	198
相當於「是的」	38
「是的」，並予以強調，「絕對必要的」，等等。	46
合計	282
「是的，如果可能」、「幾乎總是」、「如果他有能力」、「大學教育是有益的」，等等	24
合計	306
否定的態度	
「不」	1
「不」，有限定條件	2

除去那兩個有限定條件的「不」，其餘人的觀點是：

贊同孩子去上大學……306
完全反對……1

毫無疑問，對於想要從事某事業的男孩來說，選擇到大學接受教育是明智的。

問題17

你認為違背男孩意願，強迫他上大學是明智之舉嗎？

回答這一問題的總人數	301
肯定的態度	
「是的」	10
相當於「是的」	6
「如果孩子懶惰，是的」、「很有可能是」，等等。	10
「有時候」	11
合計	37
否定的態度	
「不是」	161
相當於「不是」	44
「通常來說不是」，等等	13

合計	218
有限定條件的	
「勸說，影響，施加壓力，指導」	23
「讓他理解家長的意圖，並且讓他自己做選擇」、「他將永遠都不會後悔」，等等	23
合計	46
除去那些「有限定條件的」，其餘人的觀點是：	
完全贊同「違背男孩意願，強迫他上大學」	10
有幾分贊成	27
反對	218

只有十個人同意違背男孩的意願強迫孩子去上大學，看來強迫孩子、違背孩子的意願是不明智的做法。然而，不反對誠心的勸告，適當地影響和建議。

問題18

如果男孩只是個普通人，既無特殊喜好，又無雄心大志，你建議他是學手藝、經商，還是從事某專業呢？

回答這一問題的總人數	278
「學手藝」	97
相當於「學手藝」，有限定條件	37
合計	134
「經商」，毫無疑問地	13
相當於「經商」，有限定條件和解釋	7
合計	20
「學手藝或者經商」，	14
「學手藝或者經商」，有限定條件	18
合計	82

「從事某專業」……3
「學手藝或從事某專業」……1
「喚醒他們，喚起他們的野心」……13
「從事農業和到農場去」……6
「陸軍或者海軍」、「體力勞動者」，等等……49
態度不明確的……20

人們的觀點是：

贊同學手藝……134
贊同經商……20
贊同學手藝或經商……32
贊同從事某專業……3

看來，學手藝最適合資質一般、沒有抱負的孩子。

問題19

假設一個年輕人能力強，經驗豐富，手中資金充足，目前薪水待遇也不錯，你建議他在熟知的領域開創自己的事業嗎？

回答這一問題的總人數……284

肯定的態度

「是的」……141

相當於「是的」……39

「一般來說，是的」……4

「是的，如果環境更有利」、「如果他有能力」、「如果他有抱負」，等等……56

合計……240

「首先，他自己想去做」……245

否定的態度

「不」……3

「通常說來，不」	4
「不」、「給大企業打工獲利更多，也更可靠，等找到適合的夥伴再去」	7
合計	14
態度不明確的或模稜兩可的	25
除去「態度不明確的或模稜兩可的」，其餘人的觀點是：	
贊同這個人到熟知的領域經商	180
在特定條件下贊同	65
完全反對	3
部分反對	11

假設一個年輕人能力強，經驗豐富，手中資金充足，目前薪水待遇也不錯，建議他在熟知的領域開創自己的事業。

問題20

假設一個年輕人能力強、經驗豐富，目前薪水待遇不錯，你建議他在熟知的領域借錢開創自己的事業嗎？

回答這一問題的總人數……273

肯定的態度

「是的」……40

相當於「是的」……12

「在特殊的環境下」等等。……24

「自己有一定資金再做」……11

「只要他能力出衆」……8

「債務有時候是好事」……7

「是的，如果條件優厚的話」……6

「如果他自己有很好的理由」……6

「如果他有勇氣，健康和能力」、「在有專家指導的情況下」，等等	15
合計	129
否定的態度	
「不」	58
相當於「不」	27
「通常不，或許不，不經常的」，等等。	16
「除非他有很高的收入」、「願意冒大風險」、「很少」，等等	16
合計	117
不確定地	
「看情況而定」、「難說」，等等。	27
除去那些「不確定的」，其餘人的觀點是：	
完全贊同的人	40
在某些情況下贊同	89
完全反對	58

部分反對 59

五十二人完全贊同，八十五人對這一行為持完全反對的態度；一百二十九人有條件或無條件地贊同；一百一十七人有條件或無條件地反對。正方和反方的人數基本持平；但是所提出的前提條件、解釋和建議，表明借來的資金有安全和不安全之分；可取和不可取之處；經常伴有風險。因此，通常可以看作資金不應當向別人借，除非借錢者有財產作擔保或者前景大好，並且有能力、夠穩重。雖然借錢但收益頗豐，只有這樣，這一行為才是安全的。

問題21

什麼是導致失敗的最重要的因素？

回答這一問題的人數	287

由於觀點差異極大，用完全精準的摘要或表格來回答這一問題是不可能的。很顯然回答這一問題不能使用「是」或「不是」，並且這些回答也不會用華麗的詞藻表達出來。以下的要點重述，基本概括了主要的回答內容。在編輯整理過程中，類似的內容被合併在一起，；例如：「缺乏持續性」和「不夠持之以恆」都被合併到後者的說法中去；類似於不良習慣的表達，都被劃分到「不良習慣」這一組；以及一些「缺乏誠信」和「不誠實的表現」，等等，都被劃分到「缺乏誠信」或者「不誠實」的這一組。每組詞後面的數字，表示理由出現的次數，理由或是用某個詞或是用具體話語來表述的。

不良習慣	18
霉運	1
不守時	1
借來的資金	1
粗心	11

環境	2
競爭	3
信譽	1
債務	5
依賴運氣	2
急功近利	11
炫耀成就	5
缺乏誠信	10
鋪張浪費	33
妄自尊大	2
愚昧無知	7
輕率	1
效仿他人	2
不注重細節	5

項目	人數
無能力	7
優柔寡斷	2
冷漠	2
虛偽	1
放縱	9
缺乏能力	23
適應性差	1
沒有抱負	6
不夠投入	54
沒有頭腦	2
缺乏業務能力	1
資金不足	9
不夠謹慎	1
沒有個性	5

缺乏禮貌……1

缺乏自控能力……1

缺乏獨立……3

缺乏理性……4

缺乏責任感……2

缺乏穩定性……4

不能堅持到底……5

缺乏機智……1

缺乏嚴密性……4

缺乏節儉……1

缺乏訓練……12

懶惰……27

說謊……1

管理不善……2

問題22

你認為最適合男孩讀的六本書，是什麼書？

回答這一問題的總人數……191

在每一本書名或人名後面的數字，是推薦這本書或作者的人數。下面的書目是根據推薦的頻率進行排列的。書名和作家名是按照推薦者的叫法列出來的，如果推薦者沒有提及作者名，作品的後面就沒有標示其作者是誰。

《聖經》……125
莎士比亞……81
美國歷史……43
古代史和近代史……24
英國歷史……22
《林肯傳》……20
《魯濱遜漂流記》……19

查理斯・金斯利的作品……4
《奮力向前》（馬登）……4
關於科學的一些好的書……4
《湯姆叔叔的小屋》……4
《超越奴役》（布克・華盛頓）……4
《男孩必讀》（斯托）……4
《大衛・科波菲爾》……3
《唐・吉訶德》……3
《傻子國外旅行記》……3
哲學著作……3
《箴言錄》……3
《羅馬帝國衰亡史》……3
羅馬史……3
《壞男孩的故事》（奧爾德里奇）……3

《和諧相處》（馬修斯）……2
霍爾姆斯的作品……2
《約翰・霍華德傳》……2
衛生學……2
《叢林之書》（吉卜林）……2
希臘史和羅馬史……2
《洛娜・杜恩》……2
《沒有國籍的人》……2
數學書……2
《致加西亞的信》（哈伯德）……2
《拿破崙傳》……2
《物種起源》（達爾文）……2
禮儀書籍……2
政治經濟學……2

《見聞劄記》（歐文）……2
社會學著作……2
《英語語法原理》……2
《喬治・史蒂文生傳》……2
《學生手則》（約翰・陶德）……2
《海角樂園》（羅賓遜）……2
《沉思錄》（馬可・奧勒留）……2
《節儉》（斯邁爾斯）……2
《船上的兩年生活》（達納）……2
丹尼爾・韋伯斯特的演講……2
阿博特的歷史著作……1
《亞當・彼德》……1
農業著作……1
《愛麗絲夢遊仙境》……1

《教育》（斯賓塞）……1
《教育與優質生活》（斯波爾丁）……1
《墓園挽歌》（格雷）……1
《對基督徒生活的追求》……1
經濟學……1
《日常的信仰》（布斯）……1
歐洲史……1
《格林童話》（格林）……1
《自然科學的奇境》（巴克利）……1
《常見語錄》（巴特利特）……1
《浮士德》（歌德）……1
《查理斯・芬尼傳》……1
《第一項原則》（斯賓塞）……1
費斯克的歷史著作……1

《理想國》（柏拉圖）……1
《生活的樂趣》（盧伯克）……1
《政治經濟學》（米爾）……1
《窮查理年鑑》……1
亞歷山大・蒲柏的作品……1
《美國總統傳》（麥克盧爾）……1
拉伯雷作品（貝贊特譯）……1
貝贊特的作品……1
宗教方面的著作……1
《芬尼談復興》……1
修辭學……1
《南部邦聯的興衰》（大衛斯）……1
《荷蘭的崛起》……1
《羅賓漢》（賴爾）……1

《社會生活研究》……1
《社會學研究》（斯賓塞）……1
《走向成功》……1
《首席法官唐尼傳》……1
《論個人信仰》（古爾德本德）……1
《三個船運工》（金斯頓）……1
貿易發展史……1
《金銀島》……1
《美國年度統計摘要》……1
《反之亦然》（安斯蒂）……1
維克多・雨果的作品……1
青少年讀物……1
維吉爾……1
《約翰・衛斯理傳》……1

《白十字圖書館》……1

《和克萊夫在印度》（格蘭特）……1

《奇書》（霍桑）……1

華茲華斯的作品……1

《年輕人的領路人》（奧爾科特）……1

問題23

你認為男孩有必要養成每天讀日報的習慣嗎？

回答這一問題的總人數	310
肯定的態度	
「是的」	185
相當於「是的」	90
「首頁和評論」、「略讀」，等等	13
合計	288
否定的態度	
「不」	6
相當於「不」	2
「十五歲以前不用」，等等	14
合計	22

觀點：

贊同每天閱讀報紙	288
完全反對	8
部分反對	14

大多數人建議孩子每天閱讀報紙，幾乎完全一致地認為「這是一個積極且必要的建議」。好的報紙指的是那些「進步的報紙」。養成這個習慣，人們將向進步的方向發展，並且人們可以交換資訊。好的報紙，無論是否完美，都代表著大衆的觀點，它是人類強大影響力的展現。

問題24

按常理來說，你建議男孩參與父親的事業嗎？

回答這一問題的總人數	275
肯定的態度	
「是的」	79
相當於「是的」	57
「是的，如果孩子願意；如果孩子喜歡這樣做」	35
「是的，如果父親的事業很成功」等等	18
合計	189
否定的態度	
「不」	30
相當於「不」	21
不明確的，模稜兩可的，「有時候」、「讓孩子選擇」，等等	35

除去「態度不明確的」，其餘人的觀點是：

贊同孩子參與父親的事業……79

在某些特定條件下贊同……110

完全反對……30

部分反對……21

結果顯示，人們幾乎一致贊同孩子參與父親的事業；但這並不說明孩子就一定能獲得成功。

問題25

假設有人請你致電給在校男生，為他們提供些建議，你會說些什麼？

這不是一個問題，無法予以歸納總結，以表格的形式表現出來。然而這些回答從各個方面來看，都是最有價值的，並且這些回答都是深思熟慮的結果。每個回答都全面或部分地對於成功的獲得，進行了指導；總之，他們是經驗的濃縮和精華。

第三十九章　名家之諫

經驗勝於臆斷

明智的人會博採衆長，與別人互通有無，選擇做對人對己都有好處的事。置身於群體當中，我們才能生存，才能發展。保持獨立的個體不與外界溝通，我們就會回歸原始狀態，與動物毫無差異了，閱歷豐富的人，提供的建議主張相當寶貴，都是他在實際中學來的經驗之談。

集衆家之長得出來的主張，幾乎可以被當作眞理來看待。比如說，如果大多數學識淵博、閱歷豐富的專家認爲，某個理論是正確的，那麼社會群體就會予以認可。若各界精英中有一半以上的人認爲某種因素是成功的要素之一，那麼它就會成爲人們認可的眞理。

許多專家在經過多年反覆試驗後，認爲某種方法可行，此時若誰對此提出質疑，那他就是不明智的。個人觀點可能是錯的，好幾個人的觀點可能與眞理相距甚遠。但對相當多的人在反復研究、實驗探索後得出的結論，人們不用再持懷疑態度。若誰再不接受這個結論，那他就太無知了。

我向得到公認的成功人士提出了若干切中要害的問題，接下來我會儘量列舉實例、不再空談理論，向美國男孩及其父母展示一下，他們是如何回答這些問題的。

這些成功人士之中，有的是社會各界的精英分子，有的富可敵國，有的手握重權，有的學識淵博，有的閱歷豐富，有的見多識廣，有的家世顯赫，有的白手起家，有的一帆風順，有的歷盡滄桑，有的善於思考，有的側重實際，有的是各層面的專家，有的是從工礦企業到政府委員、各界的代表。大家根據自身的經歷各抒己見，每個人的答案，都是對他本人成功的最眞實寫照，也是對世界傑出人物的全景概述。

各位成功之士知無不言，句句都是中肯之語。他們自己已然獲得成功，所以他們完全有資格對別人提出有關成功的建議。

每個人的答案都值得人們深思，都是有關成功的經驗之談。

這些人士都是照規律辦事，很多人都把成功歸因於某一特殊因素，因此個人的答案各不相同。沒有哪兩個飛行員會沿著一模一樣的航線飛過水面，但優秀的飛行員會沿著以往的航線飛行，或沿著中線飛過；如果遠離中線會更安全，那他就會遠離中線飛行；但無論怎麼飛，他都會避開障礙物。他們飛行的路程、方向基本一致，但不會絕對相同。本書涉及的成功人士所遵循的，都是大家公認的發展規律。他們的肺腑之言值得大家借鑑，以便早日駛向成功的彼岸。

問題如下：

1. 你認為成功的要素是什麼？
2. 在男孩擇業時，你會建議他根據自己的愛好，選擇職業嗎？
3. 依你之見，對某行業的偏好，是促使人在此行業成功的必備條件嗎？
4. 在明知男孩對某行業有偏愛或適合做某工作的情況下，還強迫他違背意願進行擇業，你認為父母這麼做是明智之舉嗎？
5. 如果男孩生長在偏遠、貧窮的地區，發展事業的機會微乎其微，你建議他去大城市發展嗎？
6. 如果男孩生長在一個繁榮的小鎮或小城市裡，有發展事業的機會，你建議他去大城市發展嗎？
7. 若男孩是個農民的兒子，但他卻不喜歡務農，依你之見，他應該留在農場嗎？

8. 你認為誠實守信是事業成功的要素嗎？
9. 你認為鍥而不捨的精神是成功的要素嗎？
10. 你認為一個人只有熱愛自己的工作，才能獲得事業上的成功嗎？
11. 依你之見，能力和經驗，哪個對成功更有幫助、更重要？
12. 你認為只有能力沒有經驗的人會成功嗎？
13. 如果男孩想經商，你會建議他去上大學嗎？
14. 如果男孩想從事技工行業，你會建議他去上大學嗎？
15. 如果男孩想從事技工行業，你會建議他去技術學校學習嗎？
16. 如果男孩想從事某專業，你會建議他去上大學嗎？
17. 你認為違背男孩意願，強迫他上大學是明智之舉嗎？
18. 如果男孩只是個普通人，既無特殊喜好，又無雄心大志，你建議他是學手藝、經商還是從事某專業呢？
19. 假設一個年輕人能力強、經驗豐富，手中資金充足，目前的薪水待遇也不錯，你建議他在熟知的領域開創自己的事業嗎？
20. 假設一個年輕人能力強、經驗豐富，目前薪水待遇也不錯，你建議他在熟知的領域借錢開創自己的事業嗎？

21. 什麼是導致失敗的最重要的因素？

22. 你認爲最適合男孩讀的六本書，是什麼書？

23. 你認爲男孩有必要養成每天讀日報的習慣嗎？

24. 按常理來說，你建議男孩參與父親的事業嗎？

25. 假設有人請你致電給在校男生，爲他們提供些建議，你會說些什麼？

國家圖書館出版品預行編目資料

男孩的成長路：39項必修法則／Nathaniel C. Fowler, Jr.著；關明孚、王少凱譯.--初版.--臺北市：書泉,2014.09
面；　公分.
ISBN 978-986-121-934-9（平裝）
1.成功法　2.生活指導　3.男性
177.2　　103012434

3IDC

男孩的成長路 39項必修法則

作　　者 — Nathaniel C. Fowler, Jr.
譯　　者 — 關明孚　王少凱
審 校 者 — 孔　謐
發 行 人 — 楊榮川
總 編 輯 — 王翠華
主　　編 — 陳念祖
責任編輯 — 李敏華
封面設計 — 童安安
出 版 者 — 書泉出版社
地　　址：106台北市大安區和平東路二段339號4樓
電　　話：(02)2705-5066　　傳　　真：(02)2706-6100
網　　址：http://www.wunan.com.tw
電子郵件：shuchuan@shuchuan.com.tw
劃撥帳號：01303853
戶　　名：書泉出版社

經 銷 商：朝日文化事業有限公司
電　　話：(02)2249-7714
地　　址：新北市中和區橋安街15巷1號7樓

法律顧問　林勝安律師事務所　林勝安律師

出版日期　2014年9月初版一刷
定　　價　新臺幣280元